Aprende a leer música en 30 días

Teoría de la música para principiantes con ejercicios y audio online

Matthew Ellul

Aprende a leer música en 30 días

Teoría de la música para principiantes
con ejercicios y audio online

Primera edición, © 2022 Matthew Ellul
www.SchoolofComposition.com

Publicado de forma independiente
ISBN: 978-9918-9548-5-8
Traducción al español: Magdalena Balibrea Vich

Dedicado a un gran profesor, Ronnie Debattista, cuyas clases de música hicieron posible toda una vida de inspiración.

Todo mi agradecimiento a los cientos de estudiantes de todo el mundo sin cuyos comentarios y críticas sinceras no habría sido posible esta edición. ¡Este libro es vuestro!

ÍNDICE

PARTE 3. CÓMO FUNCIONA LA EXPRESIÓN MUSICAL

CONCLUSIÓN

Prefacio (empieza por aquí)

Te doy la bienvenida a *Aprende a leer música en 30 días*, ¡me alegro mucho de verte aquí!

¿Te gustaría saber qué significan los misteriosos puntos y líneas de la portada? En realidad, son los famosos dos primeros segundos de la 5.ª sinfonía de Beethoven. Cuando llegues al final de este libro, sabrás nombrar todos los símbolos, términos e instrucciones y, además, comprenderás para qué sirve exactamente cada uno de ellos. Al final, veremos cómo se organizan las notas musicales para representar todos los tipos de música que tanto nos gustan.

Si quieres componer música, escribir canciones, tocar en familia o con amigos y seguidores, grabar en un estudio, cantar en una coral o participar en cualquier otra actividad relacionada con la música, te hará falta tener una buena base y una comprensión robusta del sistema musical. Este libro es una guía práctica, paso a paso, para que construyas esa base. Algunas lecciones te resultarán más fáciles y bastante intuitivas, mientras que otras tal vez tengas que leerlas varias veces. Es del todo normal. Como dice el refrán:

«Todo experto fue alguna vez principiante»

Tómate el tiempo que necesites para cada lección y ve avanzando a tu propio ritmo. Empezaremos desde el cero absoluto, por lo que es posible que te encuentres con algunos conceptos que ya conozcas (¡lo cual es estupendo!), pero te recomiendo que no te los saltes. Lee atentamente cada lección y revisa los ejercicios para no dejarte nada importante. Las lecciones siguientes se basan en las anteriores.

El libro consta de cuatro partes principales:

1. Del día 1 al 14, descubriremos cómo funciona exactamente el ritmo, desde la duración de cada figura hasta las indicaciones de compás y los tiempos simples y compuestos, pasando por tresillos, anacrusas, síncopas, etc.
2. Del día 15 al 23, exploraremos las notas musicales y lo aprendemos todo sobre los diferentes tonos musicales y cómo representarlos correctamente.
3. Del día 24 al 29, aprenderemos todas los signos de expresión. Se trata de términos y símbolos que indican al músico cómo debe sonar una nota (y, por tanto, cómo debe tocarse). Son importantes para que el intérprete entienda la intención del compositor y también para que el compositor o autor de una canción exprese sus indicaciones.
4. Por último, llegaremos al test. Si aún te quedan dudas sobre algún tema del libro, se reflejará en el test para que puedas repasar según proceda.

Cómo acceder a los ejemplos de audio

Este libro incluye un complemento de audio, que encontrarás en la siguiente dirección web: www.schoolofcomposition.com/audio

No es necesario que te registres ni que introduzcas tu dirección de correo electrónico. Puedes acceder a los archivos de audio libremente en cualquier momento. Si prefieres descargar los materiales, puedes utilizar el botón de descarga que aparece al final de esa misma página.

Indicaciones para utilizar el presente libro

A lo largo del libro, encontrarás distintos tipos de lecciones:

- **Ejercicios:** Cada día termina con unos ejercicios escritos. Hazlos para comprobar si has entendido bien la lección del día. Las respuestas están al final de este libro.
- **Cortes de audio:** Más de cien ejemplos musicales contribuyen a ilustrar y contextualizar cada tema. Estos ejemplos están igualmente disponibles en la dirección web citada.
- **Resúmenes de las lecciones:** Al final de cada día, se resume la lección con una lista de los términos nuevos, varios puntos de revisión y, si procede, un repaso de los nuevos símbolos. Te serán útiles más adelante como recordatorio y como referencia de lo tratado en cada lección.
- **Consejos de expertos y lecciones complementarias:** Son artículos muy breves en los que se tratan preguntas que suelen surgir en ese punto de la lección.
- **Experiencias de escucha:** Son actividades divertidas que sirven para entrenar el oído. Aunque el texto y los ejemplos son eficaces a la hora de demostrar la teoría, estas experiencias te permiten tomar consciencia auditiva de lo escrito. A fin de cuentas, la música es un arte pensado para escucharlo.

Introducción
¿Qué es la música en realidad?

Antes de empezar a estudiar teoría de la música y notación musical, vamos a definir la música propiamente dicha. Todos sabemos que la música se compone de sonidos y también que estos sonidos no suelen generarse al azar, sino que se organizan de un modo específico para conseguir un efecto musical concreto. La música es sonido organizado.

No obstante, una buena definición no debe ignorar la función de la música. Cuando los coros de la iglesia cantaban un texto en la antigüedad o se musicalizaba un mito griego para una ópera del Renacimiento italiano, o cuando un compositor compone una melodía de 30 segundos para un anuncio de televisión, la música cumple una función específica. En otras palabras, detrás de una composición musical hay una intención. Así pues, la música es sonido organizado con una finalidad.

De todo ello trata exactamente este libro. Veremos cómo los sonidos musicales se organizan del modo en que lo hacen y por qué. También aprenderemos cómo se representan dichos sonidos visualmente para que podamos leer y escribir música.

La importancia de la notación musical

Aunque actualmente estamos acostumbrados a que las partituras se impriman en papel o se presenten en una pantalla, la notación no apareció de repente como un sistema completo. Por el contrario, son el resultado de una larga historia de desarrollo que abarca varios siglos.

Antes de que se inventara la notación, la música se improvisaba o se aprendía minuciosamente a fuerza de incontables repeticiones en las que se imitaba a un maestro. De hecho, así es como los monjes medievales aprendían y luego cantaban los cánticos en las ceremonias religiosas. Sin embargo, dado el ingente número de cánticos que había, se tardaba mucho en aprenderlos todos. Si a ello le sumamos la interpretación y los errores humanos, no había garantía de que un alumno recordara la melodía exactamente como se le enseñaba, lo cual prolongaba el proceso aún más.

El primer avance hacia la creación de un sistema de notación musical se produjo en el siglo VII, cuando el papa Gregorio Magno ordenó que se codificaran los cánticos cristianos para que toda Europa pudiera cantar con el mismo cantoral. El resultado fue el primer tipo de notación musical: un conjunto primitivo de signos y símbolos conocidos como «neumas». Los neumas se utilizaban para indicar la dirección de una melodía, por lo que su uso era todavía bastante limitado. Sería Guido d'Arezzo, un famoso profesor de canto italiano del siglo XI, quien tendría la idea de representar las notas sobre líneas. D'Arezzo utilizó su nuevo sistema para enseñar música rápidamente a los jóvenes cantantes del coro y, con el paso de los siglos, esta innovadora idea se desarrolló y prácticamente todo el mundo la adoptó.

La notación musical supuso un paso de gigante en la historia de la música y es responsable de la amplia influencia de la tradición musical occidental. La música que se puede escribir se puede conservar indefinidamente para que trascienda el espacio y el tiempo. Su difusión ya no depende solo del boca a boca.

Por otra parte, la escritura de la música permitió componer piezas más complejas, puesto que la creatividad ya no dependía únicamente de la memoria de una sola persona. Los músicos podían plasmar sus ideas musicales sobre el papel y regresar a ellas más tarde. También podían componer música para conjuntos, coros y orquestas, ya que los intérpretes podían leer la música juntos. Fue la propia notación la que dio lugar a ese tipo especial de músico cuya labor consistía en inventar nueva música, es decir, el compositor. Ello, a su vez, dio lugar al intérprete: el músico profesional cuyo trabajo es dar vida a las ideas de los compositores para que las disfrute el público. Todos los que conocemos este libro deberíamos apreciar que, al leer y escribir notas musicales, conectamos con los cientos de años de desarrollo de nuestros antecesores.

Parte 1
Cómo funciona el ritmo

Aunque existen cientos de estilos musicales y más piezas de la que podamos escuchar en toda una vida, toda música consta de dos elementos fundamentales: el ritmo y el tono. El tono es la característica que permite al oído determinar lo graves o agudas que son las notas musicales con respecto a las demás. El ritmo, en cambio, comprende todo lo relativo a la duración y el tiempo de las notas. Nos indica cuándo hay que tocar una nota y exactamente cuánto tiempo.

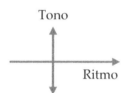

El sencillo esquema anterior ilustra estos dos elementos. La línea horizontal representa el ritmo: es una faceta de la música que solo puede avanzar, nunca retroceder. La línea vertical representa el tono, que puede ser grave, agudo o situarse en cualquier punto intermedio. La música se forma a partir de la combinación de estos dos elementos, que cooperan continuamente. Ello no significa que no existan otros factores importantes para crear música, sino que el ritmo y el tono son dos de los elementos más básicos.

Comenzaremos nuestro estudio de la música con el ritmo, porque es el elemento más esencial. Puede haber ritmo sin tono, pero no tono sin ritmo. De hecho, hay melodías que la mayoría de la gente puede reconocer simplemente a través de su ritmo. Prueba a tocar con palmas el ritmo de la melodía de *Cumpleaños Feliz* o *Jingle Bells* delante de un amigo. Estos ritmos son lo suficientemente característicos como para que podamos reconocer la canción incluso sin tonos, es decir, sin melodía. Por el contrario, es imposible tener tono sin ritmo, porque siempre que oímos cualquier tono, lo hacemos durante un cierto tiempo (con una duración). Como veremos en la próxima lección, la duración es un aspecto esencial en el análisis del ritmo.

¡Empecemos!

Día 1
Anotar el ritmo

La palabra «anotación» deriva del término en latín «notatus», al igual que «anotar». La notación musical es un conjunto de símbolos, marcas y caracteres que representan el ritmo, el tono y otras instrucciones destinadas a los músicos. Del mismo modo que utilizamos letras, palabras y frases para escribir en nuestro idioma, para escribir música recurrimos a la notación.

La base de la notación musical es la nota escrita. Una nota es este símbolo:

Puede constar de hasta tres partes: cabeza, plica y corchete. Al modificar cualquiera de las tres partes de este símbolo, podemos expresar diferentes duraciones. En música, los símbolos resultantes se denominan «figuras».

Por ejemplo, esta figura es una «redonda»:

No tiene plica ni corchete, y su cabeza se deja en blanco en lugar de rellenarla. Con respecto a todas las demás figuras, es la de mayor duración. No obstante, el tiempo exacto durante el que debe tocarse depende de varios otros factores, que aprenderemos en futuras lecciones. De momento, solo nos preocupa conocer el valor relativo de cada figura; es decir, cuándo dura en comparación con todas las demás.

La figura siguiente es la «blanca», que dura la mitad que una redonda:

Por lo tanto, la duración de 2 blancas equivale a 1 redonda:

La siguiente es la «negra». Su símbolo es similar al de la blanca, salvo que tiene la cabeza rellena. Su valor es de un cuarto de redonda:

Por tanto, la duración de 4 negras equivale a 1 redonda.

Le sigue la «corchea». Su duración relativa es de un octavo de redonda. Su símbolo es similar al de la negra, pero se le añade el corchete.

Y, por lógica, 8 corcheas equivalen a 1 redonda:

Después viene la «semicorchea». Su duración relativa es de un dieciseisavo de redonda. Su aspecto es similar al de la corchea, pero se le añade un segundo corchete:

Así pues, 16 semicorcheas duran lo mismo que una redonda:

En teoría, este patrón puede prolongarse indefinidamente. Si hablásemos de la siguiente figura, duraría la mitad que la anterior y su símbolo llevaría un corchete más. La figura sucesiva nuevamente duraría la mitad y su símbolo llevaría aún otro corchete más.

Fusa: **Semifusa**:

En las próximas lecciones, veremos en detalle cómo funcionan en la música real, paso a paso. Por ahora, es suficiente con que sepamos que el valor de estas figuras con respecto a las demás nunca varía.

Una forma de ver esta relación es imaginarnos una tarta. Si la tarta completa es una redonda, media es una blanca. Si volvemos a dividir cada mitad en dos, obtendremos 4 negras. Si dividimos de nuevo, obtendremos 8 partes iguales (8 corcheas) y así sucesivamente, dividiendo cada vez entre dos. Da igual cuántas divisiones hagamos, todas suman siempre una misma cantidad total.

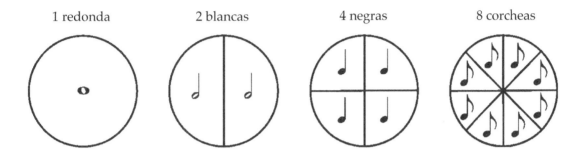

① Consejo profesional: Cómo memorizar los símbolos de las figuras

Aquí tienes un pequeño ejercicio que te ayudará a recordar los símbolos y sus nombres. Observa el «árbol de las figuras» que aparece en la página siguiente y fíjate en que, para pasar de cualquier figura a la inmediatamente inferior, solo se añade un elemento. Por ejemplo, para que una redonda se convierta en blanca, basta con añadir la plica. Para que una blanca se convierta en negra, solo hay que rellenar la cabeza.

En otras palabras, solo se aplica una variación a una figura para obtener la siguiente, que dura la mitad que la anterior. Esa variación puede ser una plica, el relleno de la cabeza o un corchete añadido. Lógicamente, este proceso también funciona a la inversa. Para doblar la duración de una figura (es decir, para pasar a la figura inmediatamente superior en el esquema), le retiramos un elemento. Por ejemplo, si le quitamos el corchete a una corchea, se convierte en negra.

Prueba a hacer este ejercicio en una hoja de papel aparte. Dibuja una redonda y luego añádele la plica, rellena la cabeza, ponle un corchete y, por último, un segundo corchete. En cuatro pasos habrás pasado de una redonda a una semicorchea. Ahora intenta hacerlo al revés. Comienza con una semicorchea y transfórmala en una redonda, paso a paso (dibuja con lápiz para poder borrar y adaptar la figura fácilmente).

Resumen rápido del día 1

Términos en esta lección

- **Notación musical**: sistema de símbolos que representan el sonido.
- **Figuras**: símbolos básicos que indican la duración de una nota en relación con todas las demás.

Resumen de la lección

- Las figuras se fijan en relación con las demás.
- 1 redonda equivale a 2 blancas.
- 1 blanca equivale a 2 negras.
- 1 negra equivale a 2 corcheas.
- 1 corchea equivale a 2 semicorcheas.

Símbolos en esta lección

- La redonda:

  𝅝

- La blanca:

  𝅗𝅥

- La negra:

  𝅘𝅥

- La corchea:

  𝅘𝅥𝅮

- La semicorchea:

  𝅘𝅥𝅯

- La fusa:

  𝅘𝅥𝅰

Árbol de las figuras: Cómo se relacionan las figuras entre sí

Redonda

Blancas

Negras

Corcheas

Ejercicios para el día 1

1. Una nota escrita puede constar de 3 partes. Una de ellas es la cabeza. ¿Cuáles son las otras dos?

    a. _____

    b. _____

2. La primera figura es una redonda. ¿Cómo se llaman las demás figuras?

    𝅝 = *redonda*   ♪ = _____

    𝅗𝅥 = _____   𝅘𝅥𝅯 = _____

    ♩ = _____

3. Toma una hoja de papel aparte y, sin mirar las páginas anteriores, reproduce el árbol de las figuras. Cuando hayas terminado, compara tu esquema con el de la página anterior. Para practicar, a continuación, dibuja:

    a. Una fila de redondas
    b. Una fila de negras
    c. Una fila de semicorcheas
    d. Una fila de blancas
    e. Una fila de corcheas

4. Con la ayuda del árbol de las figuras, rellena los espacios en blanco para cada una de las siguientes afirmaciones.

    a. Una redonda equivale a *dos* blancas.
    b. Una redonda equivale a _____ negras.
    c. Una negra equivale a _____ corcheas.
    d. Una negra equivale a _____ semicorcheas.
    e. Una blanca equivale a _____ corcheas.
    f. Una blanca equivale a _____ negras.
    g. Una blanca equivale a _____ semicorcheas.

5. Completa estas sumas de figuras con una nueva figura. La primera suma está resuelta a título de ejemplo.

a. ♪ + ♪ = ♩

b. ♬ + ♬ + ♬ + ♬ =

c. ♩ + ♪ + ♪ + ♪ + ♪ =

d. 𝅗𝅥 + 𝅗𝅥 =

e. ♪ + ♬ + ♬ =

f. ♩ + ♪ + ♪ + ♩ + ♪ + ♪ =

g. ♩ + ♩ + 𝅗𝅥 =

h. 𝅗𝅥 + ♪ + ♪ + ♪ + ♪ =

i. 𝅗𝅥 + ♬ + ♬ + ♪ + ♬ + ♬ + ♪ =

Notas

_____

_____

_____

_____

_____

_____

_____

Día 2
El pulso musical

El día 1 aprendimos que los símbolos musicales más básicos, conocidos como figuras, tienen una relación fija. Vimos, por ejemplo, que una blanca es la mitad de una redonda y también el doble de una negra; la propia negra es la mitad de la blanca, así como el doble de la corchea, y así sucesivamente.

Pero ¿cómo podemos saber la duración de estas figuras en realidad? ¿Cómo decidimos cómo de corta o larga hay que tocarla? Para ello, necesitamos alguna forma de medir (o contar) el tiempo musical y una parte importante de ello es el pulso musical. El pulso es ese latido constante, subyacente, que se percibe en la música a medida que transcurre. A menudo se le llama simplemente «ritmo». Es lo que la gente marca con el pie cuando escucha una canción. Aquí tienes una representación visual sencilla de un pulso. No es más que una fila de recuadros, pero fíjate en que todos son de igual tamaño y están separados por una misma distancia. Esto se debe a que el pulso es continuo, uniforme, y todos los tiempos duran lo mismo.

Para medir el tiempo musical con precisión, tenemos que decidir cuánto valen estos tiempos. Para ello, asignamos una figura al pulso. De este modo, en lugar de recuadros, utilizamos una figura como la negra. Ahora tenemos un pulso de negra en el que cada tiempo es una negra:

Tiempo 1   Tiempo 2   Tiempo 3   Tiempo 4

Esto es útil porque, ahora que sabemos que 1 tiempo equivale a 1 negra, podemos contar cuántos tiempos vale cada una de las otras figuras. Y podemos hacerlo porque, desde el primer día, sabemos cómo se relacionan las figuras entre sí. Si la negra es 1 tiempo, la redonda son 4 tiempos, la blanca son 2 tiempos, la corchea es medio tiempo y la semicorchea, un cuarto de tiempo (es decir, 4 semicorcheas duran 1 tiempo).

Figura	Tiempo de negra
Redonda	4 tiempos
Blanca	2 tiempos
Negra	1 tiempo
Corchea	Medio tiempo
Semicorchea	Un cuarto de tiempo

Aquí tienes una sencilla demostración de su funcionamiento. Se trata de una sucesión de tiempos de negra:

¿Qué podemos hacer con ella? ¡Construir ritmos con figuras! Por ejemplo, sobre los dos primeros tiempos podemos poner una blanca, porque, como aprendimos el día 1, una blanca equivale a 2 negras.

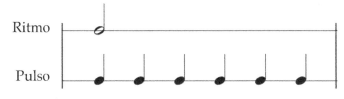

Ejemplo de audio 2.1

Y en los siguientes 4 tiempos, podemos poner 1 redonda:

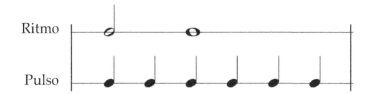

Ejemplo de audio 2.2

O bien, otra blanca y 2 negras:

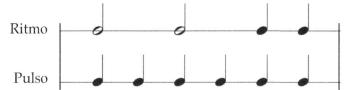

Ejemplo de audio 2.3

O cualquier otra de las muchas posibilidades existentes. Una vez que se asigna una figura como tiempo, todas las demás figuras pueden contarse también en tiempos. Es posible porque, como aprendimos el día 1, las relaciones entre las figuras son fijas.

Resumen rápido del día 2

Términos en esta lección

- **Pulso**: Es el latido constante, subyacente, que se detecta en la música.
- **Tiempo**: este término tiene varios usos, aunque relacionados entre sí. A menudo es sinónimo de pulso, pero también puede referirse a un instante de este (1 pulsación).
- **Figura**: representa la duración de una nota y suele medirse en tiempos.

Resumen de la lección

- El pulso es el ritmo constante subyacente que está presente en la música. Es continuo y uniforme.
- Al pulso se le asigna una figura para convertirlo en tiempo de negra, tiempo de blanca, tiempo de corchea, etc.
- Toda la música tiene un pulso subyacente.

Ejercicios para el día 2

1. Indica si las siguientes afirmaciones son verdaderas o falsas:

    a. La duración relativa de cada figura es siempre la misma. Por ejemplo, la blanca es siempre la mitad de la redonda.

    b. El pulso musical cambia continuamente.

    c. Hay que asignar al pulso una figura (como por ejemplo, la negra) para poder medirlo.

2. Si un tiempo equivale a una negra, ¿cuántos tiempos valen estas notas? *Pista: Algunas respuestas requieren fracciones.*

    a. La redonda vale _____
    b. La blanca vale _____
    c. La negra vale _____
    d. La corchea vale _____
    e. La semicorchea vale _____

3. Estos ritmos están construidos sobre un pulso de negra y a cada uno le falta una figura. ¿Qué figura falta en el espacio marcado con * ? *Pista: La respuesta puede ser: 1) una redonda, 2) una blanca, o 3) una negra. Los dos primeros casos están resueltos a título de ejemplo.*

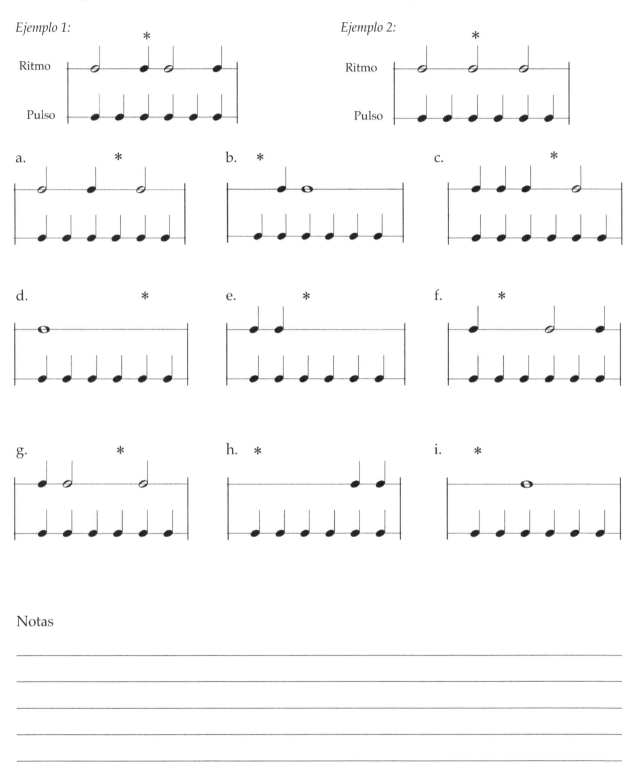

Notas

_____

_____

_____

_____

_____

_____

Día 3
Tempo

Los estudiantes a menudo asumen que 1 tiempo equivale a 1 segundo del reloj, pero eso no es del todo cierto. Cuando en la lección anterior creamos un ritmo de negra, no llegamos a la conclusión de que un ritmo se toque durante ningún número concreto de segundos. La duración real de un tiempo viene determinada por el «tempo». La palabra «tempo» es el término musical que designa la velocidad. Cuando el tempo es rápido, los tiempos son más cortos porque están más juntos, y cuando el tempo es más lento, los tiempos son más largos porque están más espaciados entre sí *(el plural de tempo puede ser «tempi» o «tempos»)*.

Antes de continuar, ten en cuenta que el tempo no afecta a la duración relativa de las figuras. La redonda sigue siendo dos veces más larga que la blanca, la cual, a su vez, sigue siendo dos veces más larga que la negra, etc. Independientemente de lo rápidas o lentas que se toquen, los valores relativos no varían.

El metrónomo y los tiempos por minuto

Para indicar el tempo, los compositores y autores de piezas musicales incluyen términos musicales específicos al principio de la partitura. A partir de la época romántica (1810-1910, aprox.), los compositores comenzaron a utilizar términos en su propio idioma, pero en épocas anteriores era tradicional usar términos en italiano, porque fue en Italia donde comenzó a florecer la música clásica allá por el siglo XIV.

Estos términos se siguen utilizando en la actualidad. Por ejemplo, la palabra italiana «allegro» es una indicación de que la música debe tocarse rápidamente, mientras que la palabra «lento» indica que debe interpretarse despacio. Sin embargo, el problema que se da con estos términos es que, aunque sepamos lo que significa allegro o lento, no sabemos exactamente cómo de rápido o de lento hay que tocar una pieza.

Johann Maelzel (1772-1838) resolvió este problema con la invención del metrónomo. La función de esta herramienta es emitir un chasquido (o un pitido, si es una versión electrónica o digital moderna) con el tempo que configuremos. Cada uno de esos chasquidos representa un tiempo, por lo que, gracias a esta herramienta, podemos oír el pulso.

La velocidad de un metrónomo se mide en pulsaciones por minuto, abreviado como «ppm» o, en ocasiones, como «bpm», por sus siglas en inglés *beats per minute*.

Veamos rápidamente la diferencia entre dos tempos diferentes. Escucha el *ejemplo de audio 3.1*: son 120 pulsaciones por minuto en el metrónomo. Ahora escucha el *ejemplo de audio 3.2*. Esta es una composición de Mozart interpretada más o menos a ese mismo tempo.

Ahora compara los fragmentos anteriores con el tempo de 70 ppm del metrónomo: *ejemplo de audio 3.3*. Y escucha el 2.º movimiento de la misma pieza de Mozart interpretado más o menos al mismo tempo: *ejemplo de audio 3.4*. Como oirás, el tempo influye de forma significativa en el carácter de la música.

Marcas de tempo comunes

A continuación, encontrarás una tabla con los seis términos italianos más frecuentes para hacer referencia al tempo, su significado y las pulsaciones por minuto equivalentes.

Término italiano	Significado	Ppm
Largo	Muy lento y extenso	40
Adagio	Lento	60
Andante	A paso andante	80
Moderato	Moderado	100
Allegro	Animado y rápido	120
Vivace	Muy rápido	140

Más lento

Más rápido

En la práctica, estos términos representan una gama de tempos y no estrictamente una única velocidad. Adagio se indica como 60 ppm, pero podrían ser 54 o 68 ppm. Allegro se indica como 120 ppm, pero podrían ser 116 o 126 ppm. El tempo exacto depende del contexto. Puedes ver ejemplos de ello cada vez que escuchas una misma pieza interpretada por distintos músicos. Los tempos varían según la interpretación de las ideas del compositor.

Anotar la marca del metrónomo

Para que una marca de tempo sea precisa, no es suficiente con conocer el número de pulsaciones por minuto. También hay que saber cuánto vale cada pulsación. ¿Son tiempos de negra? ¿Tiempos de blanca? ¿Tiempos de corchea? Como vimos en la lección anterior, hay que asignar una figura al pulso para poder medirlo.

Por lo tanto, una marca de metrónomo consta de dos partes: el valor de cada pulsación (p. ej., una negra o una blanca) y el número de pulsaciones por minuto.

Por ejemplo, aquí tenemos «100 pulsaciones de negra por minuto». Significa que el pulso es de negra y que el metrónomo marca exactamente 100 de ellos en un minuto.

Aquí tenemos otro ejemplo. Este es «80 pulsaciones de blanca por minuto». Significa que el pulso es de blanca y que el metrónomo marca exactamente 80 de ellos en un minuto.

♩ = 100

♩ = 80

Resumen rápido del día 3

Términos en esta lección

- **Tempo**: la velocidad de la música.
- **Largo:** término musical que significa «muy lento y extenso».
- **Adagio:** término musical que significa «lento».
- **Andante:** término musical que significa «a paso andante».
- **Moderato:** término musical que significa «a ritmo moderado».
- **Allegro:** término musical que significa «animado y rápido».
- **Vivace:** término musical que significa «muy rápido».

Resumen de la lección

- El tempo se expresa con términos específicos, tradicionalmente en italiano, aunque puede utilizarse cualquier idioma.
- El metrónomo mide el tempo de forma precisa, con «pulsaciones por minuto» (ppm).

Símbolos en esta lección

- La marca del metrónomo: es una figura, el signo igual y los tiempos por minuto:

$$\text{♩} = 80 \qquad \text{♩} = 100$$

Experiencia de escucha: ¿De qué tempo se trata?

Aquí tienes una lista de 10 piezas musicales de distintos compositores pertenecientes a diferentes épocas. Tu tarea es escuchar los cortes de audio y determinar cuál podría ser el tempo. Escucha cada corte al menos dos veces y decide si el tempo es: 1) lento, 2) moderado, o 3) rápido.

Ten en cuenta que no se trata de un examen, sino más bien de una experiencia. Una vez comprobada la respuesta, vuelve a escuchar el audio al menos dos veces más (aunque lo acertaras a la primera). El objetivo de la tarea es apreciar cómo afecta el tempo a la música. El aprendizaje se produce sobre todo cuando escuchas con atención conociendo la respuesta.

1. Mendelssohn: _____
2. Vivaldi: _____
3. Beethoven: _____
4. Albinoni: _____
5. Rajmáninov: _____

6. Corelli: _____
7. Paganini: _____
8. Mozart: _____
9. Bizet: _____
10. Bach: _____

Ejercicios para el día 3

1. ¿Son estas afirmaciones verdaderas o falsas?

    a. Un tiempo es siempre un segundo del reloj.
    b. Si el tempo es más rápido, los tiempos son más cortos porque están más juntos.
    c. Si el tempo es más lento, los tiempos son más largos porque están más espaciados.
    d. El tempo no afecta a la duración relativa de las figuras, porque esta duración no varía.

2. ¿Qué significa «ppm»? _____

3. ¿Para qué sirve un metrónomo? _____
_____

4. Selecciona el significado adecuado para estos términos italianos. *(Selecciona entre: muy rápido; a ritmo moderado; lento; muy lento y extenso; a paso andante; animado y rápido)*. Junto a cada respuesta, anota una estimación de las pulsaciones por minuto.

    a. Andante: _____ ; _____ ppm
    b. Allegro: _____ ; _____ ppm
    c. Vivace: _____ ; _____ ppm
    d. Moderato: _____ ; _____ ppm
    e. Largo: _____ ; _____ ppm
    f. Adagio: _____ ; _____ ppm

Notas
_____
_____
_____
_____
_____
_____
_____
_____
_____

Compás, indicaciones de compás y tiempos

El compás, a veces también llamado «métrica», es la división de los tiempos en grupos iguales. Vamos a aclararlo con un ejemplo. Este es un pulso de negra:

Aunque es bastante sencillo, puede interpretarse de varias maneras. Una posibilidad es dividir el pulso en 2 grupos de 3 negras cada uno.

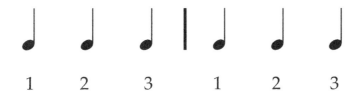

Ejemplo de audio 4.1

Otra posibilidad es dividirlo en 3 grupos de 2 negras cada uno:

Ejemplo de audio 4.2

Como puedes escuchar en los ejemplos de audio, el efecto musical de cada uno de los pulsos es muy diferente. Pero ¿cómo podemos distinguir, solo con el oído, si son diferentes?

La respuesta está en los acentos. Al igual que sucede en el lenguaje cotidiano, en el que algunas palabras se acentúan más que otras, en música, unos tiempos son más fuertes que otros. Algunos tiempos se acentúan y con esa acentuación se crea el compás: un ciclo continuo que consiste en un tiempo fuerte seguido de uno o varios más débiles.

En el primer ejemplo anterior, las 6 negras se dividen en 2 grupos de 3 tiempos cada uno. El primer tiempo de cada grupo es más fuerte que los otros dos, está acentuado, y como consecuencia percibimos que el compás es «de tres tiempos», lo que significa que el pulso crea un efecto recurrente de «un, dos, tres, un, dos, tres». En lugar de «de tres tiempos», podemos decir que es un «compás ternario».

En el segundo ejemplo, el tiempo fuerte aparece cada dos tiempos, por lo que percibimos que el compás es «de dos tiempos». Su efecto es un «un, dos, un, dos» continuo, donde el «un» se acentúa y el «dos» no. Otro término que significa «de dos tiempos» es «compás binario».

Como hemos dicho, estos ciclos de tiempos fuertes y débiles son más conocidos en música como compás. Pueden tener cualquier número de tiempos, pero los más comunes son los de dos (compás binario), los de tres (compás ternario) y los de cuatro (compás cuaternario). En notación musical, cada instancia de un ciclo se representa en «compases», que se separan mediante líneas divisorias.

Compases

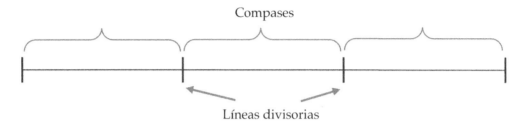

Líneas divisorias

Indicaciones de compás

En la notación musical, las indicaciones de compás se utilizan para expresar el compás de forma rápida y clara. Una indicación de compás se compone de dos números, uno sobre otro:

$$\frac{2}{4}$$

Como se muestra en la imagen de la derecha, la indicación de compás se encuentra al principio de la composición. Este ejemplo es de una pieza de Schubert.

¿Qué significan estas cifras?

El número superior señala los tiempos que hay en cada compás. Nos indica si el compás es de dos tiempos, de tres, de cuatro o de más. La indicación de compás 2 x 4 expresa que el compás es de dos tiempos: hay dos tiempos en cada compás.

El número inferior determina cuánto vale cada uno de esos tiempos. Nos indica si el tiempo es de corchea, de negra, de blanca o de cualquier otra figura.

El número inferior es relativo a la redonda. La forma más fácil de calcular cuánto valen los tiempos es dividir una redonda entre ese número inferior. Por ejemplo, si el número inferior es un 2, calcularemos una redonda dividida entre 2, que da como resultado 2 blancas. Así pues, cuando el número inferior de una indicación de compás es un 2, los tiempos son de blanca.

¿Y qué pasa si el número inferior es un 4? Con una redonda dividida entre 4, tenemos 4 negras. De este modo, en una indicación de compás, un 4 como número inferior representa un tiempo de negra.

Número inferior	Valor del tiempo
2	Tiempo de blanca
4	Tiempo de negra
8	Tiempo de corchea
16	Tiempo de semicorchea

La indicación de compás 2 x 4 señala que el compás se compone de 2 tiempos de negra por compás. Y como contiene 2 tiempos que se repiten, es un compás binario.

Es importante señalar que una indicación de compás no es una fracción matemática, aunque se parece bastante. Por eso no la leemos como «dos cuartos» ni «tres octavos», sino como «dos por cuatro» o «tres por ocho». En este libro, hacemos referencia a las indicaciones de compás mediante sus números, leídos de arriba abajo, y separados por el signo «por» (x), como el 4 x 4 o el 2 x 4.

Veamos otro ejemplo. Esta es la indicación de compás del 3 x 8.

$$\frac{3}{8}$$

Como el número superior es un 3, sabemos que este compás consta de 3 tiempos por compás. Se trata de un «compás ternario». Ahora tenemos que averiguar qué tipo de tiempos son. Como el número inferior es un 8, vemos que son corcheas. 3 x 8 es un compás ternario de 3 corcheas por compás.

¿Qué sucede con la indicación de compás 2 x 2? $$\frac{2}{2}$$

El número superior señala que hay 2 tiempos por compás. ¿Qué tipo de tiempos son? El número inferior, también un 2, nos indica que son tiempos de blanca. Por lo tanto, este compás es un «compás binario», que consta de 2 tiempos de blanca por compás.

¡Ahora prueba tú! Antes de pasar a la siguiente página, describe esta indicación de compás:

Aquí tienes la respuesta: el número inferior nos dice que el tiempo es de negra. ¿Y cuántos tiempos de negra hay en cada compás? Gracias al número superior, sabemos que son 4. Se trata de un «compás cuaternario», que consta de 4 tiempos de negra por compás.

Patrones de acentuación: Tiempos fuertes y débiles

Como hemos mencionado al principio de la lección de hoy, los compases consisten en una sucesión fija de tiempos fuertes y débiles. Sin embargo, no dejes que los términos «fuerte» y «débil» te confundan. Son términos para explicar este aspecto particular del ritmo. No hay nada mejor ni peor en que un tiempo sea fuerte o débil. Ambos son igualmente importantes, ya que el compás funciona gracias a una combinación de ambos (el contraste con los tiempos débiles es lo que crea tiempos fuertes). Además, esta acentuación no es algo forzado por el compositor (salvo que así lo elija), sino que sucede de forma natural. Al igual que el habla cotidiana, una pieza musical coherente siempre contiene sus propios patrones recurrentes e ideas que se repiten.

Como hemos visto, el primer tiempo de cada ciclo es el más fuerte o, en otras palabras, el comienzo de un ciclo viene marcado por un tiempo fuerte.

En consecuencia, en los compases binarios, el tiempo fuerte se repite cada dos tiempos. Este ejemplo utiliza el compás de 2 x 4, pero lo mismo puede aplicarse a cualquier compás binario, como el 2 x 8 o el 2 x 2.

En las siguientes representaciones, «F» indica fuerte y «d» indica «débil».

F   d   F   d

$\frac{2}{4}$

En los compases ternarios, a cada tiempo fuerte le siguen dos tiempos débiles, lo que crea un ciclo de tres tiempos.

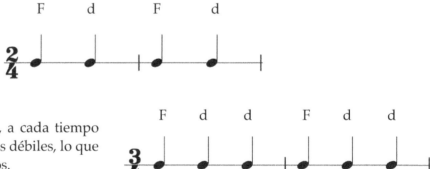

F   d   d   F   d   d

$\frac{3}{4}$

En los compases cuaternarios, el ciclo consta de cuatro tiempos. El primer y el tercer tiempo son fuertes, mientras que el segundo y el cuarto son débiles. El primer tiempo, sin embargo, es más fuerte que el tercero, por lo que el esquema general es: fuerte, débil, semifuerte, débil.

F   d   sf   d   F   d   sf   d

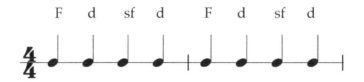

$\frac{4}{4}$

Y bien, ¿qué podemos hacer con estos conocimientos sobre el compás? Tomemos esta última indicación de compás como ejemplo y compongamos un ritmo breve en estos 4 compases:

Gracias a nuestra exposición del compás, sabemos que en 4 x 4 hay 4 tiempos por compás y que cada uno de esos tiempos vale una negra. Vamos a rellenar nuestro primer compás con ellas:

También sabemos que 2 negras equivalen a 1 blanca, así que podemos rellenar el siguiente compás con 2 blancas.

En el siguiente compás, vamos a variar un poco. Los dos primeros tiempos contienen una negra cada uno, mientras que el resto del compás contiene una blanca:

Para terminar, utilizaremos una figura larga. Dado que 1 redonda equivale a 4 negras, la redonda puede completar un compás entero en este compás. Ahora nuestro ritmo está completo:

Ejemplo de audio 4.3

Esta es solo una posibilidad entre muchas más. Incluso con los pocos recursos de que disponemos por ahora, las posibilidades de crear ritmos son casi infinitas.

Ahora bien, es importante señalar que aquí hemos hecho el trabajo a la inversa. Hemos elegido un compás y lo hemos completado con un ritmo. En la práctica, el carácter de la música es el que dicta cuál debe ser la indicación de compás.

Resumen rápido del día 4

Términos en esta lección

- **Tiempo fuerte**: tiempo acentuado, o más fuerte, que los demás tiempos (débiles).
- **Compás (o métrica)**: división de los tiempos en un ciclo de fuertes y débiles, representada por la indicación de compás.
- **Indicación de compás**: símbolo formado por dos números que expresan el número de tiempos de un compás y el tipo de tiempos que son.
- **Compases**: cada uno de los elementos del patrón, o ciclo, de tiempos.
- **Líneas divisorias**: líneas verticales que separan los compases en una partitura.

Resumen de la lección

- El compás es la división de los tiempos en compases iguales.
- En una partitura, el compás se expresa mediante la indicación numérica que aparece al principio.
- El primer tiempo de cada compás se considera el más fuerte.

Símbolos en esta lección

- Indicaciones de compás:

$$\frac{4}{4} \quad \frac{2}{4} \quad \frac{3}{4} \quad \frac{3}{8}$$

Experiencia de escucha 1: ¿Es una marcha o un vals?

Aquí tienes una lista de 10 composiciones de varios autores. Escucha el audio y determina si la pieza es una marcha o un vals. Las marchas siguen un compás binario, normalmente 2 x 4 o 2 x 2. Crean un efecto tipo «un, dos, un, dos», que corresponde a la marcha al caminar: «izquierda, derecha, izquierda, derecha». Los valses utilizan compases ternarios, normalmente de 3 x 4, pero a veces también de 3 x 2 o 3 x 8. Crean un efecto «un, dos, tres, un, dos, tres», que inicialmente acompañaba al baile.

El propósito de este ejercicio es que escuches la diferencia entre un compás binario y otro ternario. Al igual que otras experiencias de escucha, no importan tanto las respuestas como la propia escucha en sí. Por eso hay dos versiones de cada corte de audio. Una contiene solo la música y la otra, la música con el tictac del metrónomo superpuesto. Como hemos dicho antes, se recomienda escuchar los cortes, aunque ya conozcas la respuesta.

Junto al nombre de los compositores, escribe «M» para marcha o «V» para vals.

1. Strauss: _____
2. Schubert: _____
3. Chopin: _____
4. Beethoven: _____
5. Chaikovski: _____

6. Chaikovski: _____
7. Strauss hijo: _____
8. Offenbach: _____
9. Debussy: _____
10. Sibelius: _____

Este es un ejercicio un poco más complicado. Escucha los cortes de audio y decide si la pieza sigue un compás de dos tiempos o de tres. Este es un poco más difícil, porque no todos los compases binarios son marchas ni todos los ternarios son valses. Una vez más, recuerda que no es un examen; el propósito es escuchar de forma consciente.

Junto al nombre de los compositores, escribe «B» para binario o «T» para ternario:

1. Bach: _____   6. Händel: _____
2. Beethoven: _____   7. Haydn: _____
3. Bach/Petzold: _____   8. Haydn: _____
4. Dvorak: _____   9. Paganini: _____
5. Grieg: _____   10. Waldteufel: _____

Ejercicios para el día 4

1. Completa estas frases:

a. El compás es la organización de los tiempos en _____.

b. Podemos detectar las divisiones entre tiempos porque el primer tiempo de cada grupo es _____.

c. Decir que un ritmo es «ternario» significa que el tiempo fuerte se produce cada _____

d. Los grupos de tiempos se representan en compases. Estos compases se separan con _____

e. En la notación musical, el compás se expresa mediante la _____

f. La indicación de compás se compone de dos números: el superior señala el número de _____; el inferior expresa _____.

2. Define estas indicaciones de compás (como en el ejemplo dado).

a **2/4** *2 tiempos de negra por compás.*   b. **3/8** _____

c.  _____

d. 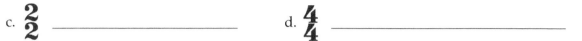 _____

e.  _____

3. Indica la sucesión de los tiempos fuertes y débiles para cada indicación de compás (como en el ejemplo).

a. **2/4**   _Fuerte, débil_ .

b. **3/8**   _____

c. **2/2**   _____

d. **4/4**   _____

e. **3/4**   _____

4. Añade la indicación de compás adecuada antes de cada uno de los ritmos siguientes.

a.

b.

c.

5. Para completar estos compases, añade una sola figura en los lugares marcados con * .

a.

b.

c.

d.

Día 5
El sonido del silencio

Para cada figura, existe un silencio equivalente: un símbolo que representa la duración de la ausencia de sonido. Los silencios son tan importantes como las figuras, porque los músicos no solo deben saber exactamente cuándo y qué tocar, sino cuándo detenerse y cuánto tiempo.

A continuación se muestra una tabla de figuras y sus silencios equivalentes: tenemos el silencio de redonda, el silencio de blanca, el silencio de negra, el silencio de corchea y el silencio de semicorchea.

	Figura	**Silencio equivalente**
Redonda	o	▬
Blanca	♩	▬
Negra	♩	𝄽
Corchea	♪	𝄾
Semicorchea	♬	𝄿

Al igual que sucede con las figuras, la relación entre los silencios es fija. El silencio de redonda vale siempre 2 silencios de blanca, el silencio de blanca vale siempre 2 silencios de negra, etc.

También, al igual que sucede con las figuras, el patrón de los silencios puede continuar. Si hablásemos del siguiente silencio, duraría la mitad de una semicorchea y su símbolo llevaría un corchete más. El silencio sucesivo nuevamente duraría la mitad y su símbolo llevaría aún otro corchete más.

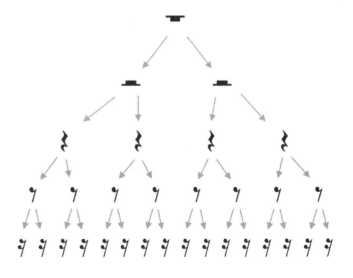

27

Fusa	Silencio de fusa	Semifusa	Silencio de semifusa

Este es un ritmo simple que utiliza silencios. Observa cómo los silencios son igual de importantes que los sonidos.

Ejemplo de audio 5.1

Existe un caso excepcional para el silencio de redonda: cuando un compás está vacío (es decir, completamente en silencio), se llena con un silencio de redonda, independientemente de cuál sea el compás. En estos casos, se conoce como «silencio de compás completo».

Ejemplo de audio 5.2

Resumen rápido del día 5

Término en esta lección

- **Silencios**: símbolos de notación musical que representan cuánto dura la ausencia de sonido en la música.

Resumen de la lección

- En la música, la ausencia de sonido se expresa con silencios.
- Para cada figura, existe un silencio equivalente.

Símbolos en esta lección

- El silencio de redonda:

- El silencio de blanca:

- El silencio de negra:

- El silencio de corchea:

- El silencio de semicorchea:

Ejercicios para el día 5

1. En música, los silencios son símbolos que se utilizan para medir e indicar _____.

2. En una hoja aparte, dibuja los siguientes silencios (sin mirar el libro, si es posible):

a. Un silencio de negra
b. Un silencio de semicorchea

c. Un silencio de redonda
d. Un silencio de blanca
e. Un silencio de corchea

3. Calcula estas sumas utilizando solamente silencios. *La primera está resuelta a título de ejemplo.*

a. 𝄾 + 𝄾 = 𝄽

b. 𝄿 + 𝄿 + 𝄿 + 𝄿 =

c. 𝄽 + 𝄿 + 𝄿 + 𝄿 + 𝄿 =

d. ▬ + ▬ =

e. 𝄾 + 𝄿 + 𝄿 =

f. 𝄽 + 𝄾 + 𝄾 + 𝄽 + 𝄾 + 𝄾 =

g. 𝄽 + 𝄽 + ▬ =

h. ▬ + 𝄾 + 𝄾 + 𝄾 + 𝄾 =

i. 𝄿 + 𝄿 + 𝄿 + 𝄿 + 𝄿 + 𝄿 + 𝄿 + 𝄿 =

4. Para completar estos compases, añade un solo silencio en los lugares marcados con un asterisco:

29

(i) Lección complementaria
Resumen: Cómo funciona el ritmo

Ahora que hemos visto los elementos básicos uno por uno, vamos a reunirlos de nuevo para repasarlos brevemente. Esta página resume cómo funciona el ritmo.

El ritmo tiene cuatro componentes básicos: 1) pulso, 2) tempo, 3) compás y 4) subdivisiones. Los números marcados con un círculo se explican a continuación.

① Es una representación visual del pulso, un ciclo de tiempos iguales. Cada uno de estos tiempos tiene una misma duración: en este ejemplo, todos son tiempos de negra. Ten en cuenta que esta línea es solo para que puedas visualizarlo; el pulso no aparece en las partituras reales.

② El pulso puede reproducirse rápido, lento o a cualquier velocidad intermedia. El tempo es la velocidad de la música. La palabra «andante» es uno de los cientos de indicaciones de tempo que existen en varios idiomas. Esta en particular proviene del italiano y hace referencia a la «velocidad con la que se anda». Su ritmo no es ni lento ni rápido, sino algo intermedio, moderado.

③ Es la indicación de compás. Especifica cómo se agrupa el pulso en fracciones iguales o compases. El número superior indica cuántos tiempos hay en cada compás (en este ejemplo, 4), mientras que el número inferior señala a qué figura corresponden los tiempos (en este ejemplo es también un 4, que representa una negra). Este pulso, por lo tanto, se compone de 4 tiempos de negra en cada compás. Como hemos visto, los compases se delimitan con líneas divisorias.

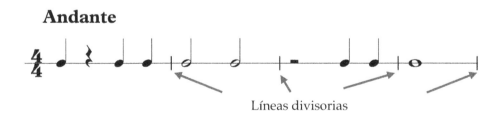

Líneas divisorias

④ Además, el ritmo se compone de una serie de subdivisiones del compás, que pueden ser figuras (que representan sonidos), así como silencios (que representan ausencias de sonido).

Día 6
Prolongar la duración con el puntillo

Cuando se coloca un punto a la derecha de la cabeza de una nota, a la duración de esa figura se le suma la mitad de su valor original. Vamos a aclararlo con un ejemplo. Mira esta blanca con puntillo:

La blanca por sí sola equivale a 2 negras. El puntillo vale la mitad: 1 negra. Así pues, en total, la blanca con puntillo equivale a 3 negras: 2 por la blanca original y 1 por el puntillo.

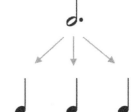

¿Qué sucede en el caso de una redonda con puntillo?

Sabemos que la redonda equivale a 2 blancas. El puntillo le suma la mitad de ese valor original, es decir: 1 blanca. Así pues, la redonda con puntillo equivale a 3 blancas: 2 de la propia redonda y 1 del puntillo. Al mismo tiempo, obviamente, cada blanca equivale a 2 negras, por lo que, en total, la redonda con puntillo equivale también a 6 negras.

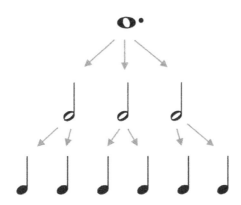

Piensa en el puntillo como si se tratara de la expresión «y medio». Cuando decimos, por ejemplo, «un año y medio», la expresión «y medio» significa 6 meses. Sin embargo, cuando decimos «un mes y medio», la expresión «y medio» solo significa dos semanas. El puntillo funciona exactamente igual. Su duración exacta depende de la figura que lo precede.

Veamos un par de ejemplos más. Esta es una negra con puntillo:

La negra equivale a 2 corcheas. El puntillo le suma 1 corchea, porque es la mitad de la duración original. Así pues, en total, la negra con puntillo equivale a 3 corcheas.

$$ \text♩. = ♪ + ♪ + ♪ $$

Por último, vamos a calcular cuánto vale una corchea con puntillo. La corchea equivale a 2 semicorcheas. El puntillo le suma otra semicorchea, porque es la mitad de la duración original, de modo que, en total, la corchea con puntillo vale 3 semicorcheas.

$$ ♪. = ♬ + ♬ + ♬ $$

El puntillo se aplica exactamente igual a los silencios. Por ejemplo, un silencio de redonda con puntillo vale 3 silencios de blanca. Y un silencio de blanca con puntillo equivale a 3 silencios de negra. A continuación, figura una tabla de figuras con puntillo y su equivalente en silencios.

	Figura con puntillo	Silencio con puntillo
Redonda	𝅝·	𝄻·
Blanca	𝅗𝅥·	𝄼·
Negra	♩·	𝄽·
Corchea	♪·	𝄾·

Aquí tienes un ejemplo sencillo de un ritmo con figuras con puntillo correspondiente a la *Oración de la mañana* de Chaikovski. Las figuras con puntillo son, obviamente, esenciales para el carácter general de la melodía.

Ejemplo de audio 6.1

32

Aquí tienes el mismo ritmo con el pulso marcado debajo. La línea de arriba es el ritmo original de la melodía. La de abajo es el pulso que marca los 3 tiempos de negra de un compás de 3 x 4.

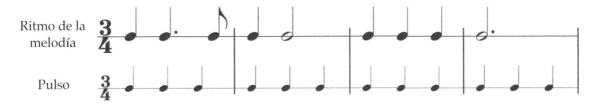

Ejemplo de audio 6.2

El doble puntillo

Aunque su uso no es tan habitual como el del puntillo simple, la duración de una figura con puntillo puede prolongarse con un segundo puntillo. El segundo puntillo vale la mitad que el primero. Una blanca con doble puntillo, por ejemplo, equivale a una blanca más una negra más una corchea:

$$ \text{♩.. } = \text{ ♩} + \text{ ♩} + \text{ ♪} $$

Resumen rápido del día 6

Términos en esta lección

- **Redonda con puntillo**: figura equivalente a una redonda y media, 3 blancas, 6 negras, etc.
- **Blanca con puntillo**: figura equivalente a una blanca y media, 3 negras, 6 corcheas, etc.
- **Negra con puntillo**: figura equivalente a una negra y media, 3 corcheas, 6 semicorcheas, etc.
- **Corchea con puntillo**: figura equivalente a una corchea y media, 3 semicorcheas, etc.

Resumen de la lección

- El puntillo añade la mitad del valor de la figura original a la propia figura.
- El puntillo puede aplicarse a todas las figuras y a todos los silencios.
- El doble puntillo prolonga la duración de una figura con puntillo. El segundo puntillo vale la mitad que el primero.

Ejercicios para el día 6

1. Explica brevemente para qué sirve el puntillo:

_____

2. Este primer símbolo es una negra con puntillo. ¿Cuáles son los otros?

a. ♩· = _negra con puntillo_

d. ▬· = _____

b. 𝄽· = _____

e. ♪· = _____

c. 𝄾· = _____

f. 𝅝· = _____

3. Sin mirar las páginas anteriores, escribe estos símbolos en una hoja aparte:

    a. Una redonda con puntillo:

    b. Un silencio de negra con puntillo:

    c. Un silencio de blanca con puntillo:

    d. Una blanca con puntillo:

    e. Una corchea con puntillo:

4. Rellena los espacios en blanco de cada una de las siguientes afirmaciones.

    a. La redonda con puntillo equivale a 3 _blancas_

    b. La corchea con puntillo equivale a 3 _____

    c. La negra con puntillo equivale a 3 _____

    d. La blanca con puntillo equivale a 3 _____

5. Calcula las sumas de las siguientes figuras. Todas las respuestas son una figura con puntillo. *La primera está resuelta a título de ejemplo.*

a. ♪ + ♪ + ♪ = ♩·

b. ♪ + ♪ + ♪ + ♪ + ♪ + ♪ =

c. ♩ + ♪ + ♪ + ♩. =

d. ♩ + ♩ + ♩ =

e. ♪ + ♪ + ♪ + ♪ + ♪ =

f. ♩ + ♪ + ♪ + ♩ =

g. ♩ + ♩ + ♩ + ♩. =

h. ♪ + ♪ + ♪ + ♩ + ♪ =

i. ♪ + ♪ + ♪ =

j. ♪ + ♪ + ♩ =

k. ♪ + ♪ =

l. 𝅝 + ♪ + ♩ + ♪ =

Notas

_____

_____

_____

_____

_____

_____

_____

_____

Día 7
Prolongar la duración con ligaduras

Aunque el puntillo es útil para aumentar la duración de las figuras, está limitado porque, como hemos visto, aumenta la duración de la figura exactamente la mitad de su valor original. Una forma más flexible de aumentar la duración de una figura es «ligarla» con una «ligadura» a otra figura.

Una ligadura es una línea curva que conecta dos figuras. La figura ligada no se toca ni canta de nuevo. Sin embargo, su duración se suma a la de la primera figura para prolongarla.

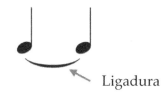

Ligadura

Este es un ejemplo de ritmo sin ligaduras:

Ejemplo de audio 7.1

Ahora escúchalo con una ligadura. Fíjate en que la figura ligada no se vuelve a tocar, sino que su duración se suma a la de la primera figura.

Ejemplo de audio 7.2

La ligadura es esencial en tres casos concretos:

1. **Unir figuras separadas por una línea divisoria:** Como en ningún compás es posible utilizar figuras que duren más que un compás completo, utilizamos la  ligadura para crear figuras más largas. En este ejemplo, el compás es de 3 tiempos, pero, gracias a la ligadura, la figura dura 6 negras, que equivalen a dos compases completos en este compás.

2. **Unir figuras para conseguir una duración específica:** A menudo necesitamos tener duraciones que no es posible representar utilizando únicamente las figuras al uso. En el primer ejemplo, la duración resultante es de una redonda más una negra. No

hay otra forma de representar esta duración salvo con una ligadura. Del mismo modo, no hay otra forma de anotar la duración específica de una blanca más una corchea, salvo con una ligadura.

3. **Unir tres o más figuras:** la ligadura no se limita a dos figuras, sino que puede utilizarse para unir tantas figuras o compases como sea necesario. En este ejemplo, tenemos una figura larga, que dura más de dos compases:

Es interesante ver que las figuras con puntillo pueden representarse también como figuras ligadas. ¡Los dos ritmos de la derecha suenan exactamente igual! Sin embargo, seguimos utilizando figuras con puntillo, ya que son una práctica habitual. La notación musical también tiende a ser menos recargada si se utilizan puntillos en lugar de ligaduras cuando sea posible.

Con ligadura

Con puntillo

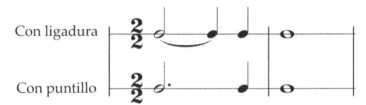

Ejemplo de audio 7.3

Resumen rápido del día 7

Término en esta lección

- **Ligadura**: línea curva que conecta dos o más figuras.

Resumen de la lección

- La ligadura suma la duración de dos o más figuras.
- Una figura ligada no se repite ni se toca de nuevo, sino que su duración se añade a la de la primera figura.

Símbolo en esta lección

- La ligadura que conecta figuras:

Ejercicios para el día 7

1. Una ligadura es una línea curva que conecta dos figuras. ¿Para qué sirve?

_____

_____

2. Suponiendo que a la negra se le asigne el valor de 1, ¿cuál es la duración combinada de estas figuras ligadas? _La primera respuesta está resuelta a modo de ejemplo. Algunas respuestas requieren fracciones._

a. = 5

c. =

b. =

d. =

3. Descompón estas figuras con puntillo en dos figuras ligadas iguales. _Pista: Todas las respuestas requieren figuras con puntillo._

a.

c.

b.

d.

Notas

_____

_____

_____

_____

_____

_____

_____

Día 8
El tiempo de corchea y el tiempo de blanca

De momento, hemos visto principalmente compases en los que el pulso se mide en tiempos de negra. En esta lección, analizaremos en profundidad los compases que usan como tiempo la corchea o la blanca.

El tiempo de corchea

En días anteriores, vimos que, cuando el pulso está formado por tiempos de negra, el número inferior de la indicación de compás es un 4. Ahora bien, cuando el pulso está formado por tiempos de corchea, el número inferior de la indicación de compás es un 8.

Como de costumbre, el número superior de la indicación de compás señala cuántos tiempos hay en cada compás, mientras que el número inferior indica cuánto vale cada uno de esos tiempos. Así pues, la indicación de compás 2 x 8 señala que el compás se compone de 2 tiempos de corchea por compás.

Del mismo modo, esto son 3 tiempos de corchea por compás y 4 tiempos de corchea por compás:

La siguiente tabla ofrece un resumen de los tiempos que vale cualquier figura, dependiendo de la figura que se considere equivalente a 1 tiempo:

Figura	Tiempo de negra	Tiempo de corchea
Semicorchea	Un cuarto	Medio
Corchea	Medio	**Uno**
Negra	**Uno**	Dos
Blanca	Dos	Cuatro
Redonda	Cuatro	Ocho

Por ejemplo, la semicorchea es un cuarto de tiempo cuando el tiempo es de negra. En otras palabras, cuando la negra equivale a un tiempo, la semicorchea equivale a un cuarto de tiempo. Sin embargo, si tenemos un tiempo de corchea, esa misma semicorchea se convierte en medio tiempo. Es decir, cuando la corchea equivale a un tiempo, la semicorchea equivale a la mitad de un tiempo.

El tiempo de blanca

Ahora veamos los compases en los que el pulso está formado por tiempos de blanca. En la indicación de compás, se representan con el número 2 en la parte inferior. Por ejemplo, este compás es de 3 x 2:

¿Cuántos de esos tiempos tenemos en cada compás? Según el número superior, 3. Por lo tanto, esta indicación de compás representa 3 tiempos de blanca.

Del mismo modo, estas son las indicaciones de compás de 2 x 2 y 4 x 2:

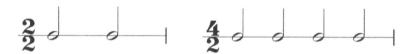

Como hemos visto, al pulso se le asigna una figura para medir el ritmo. Si la negra equivale a un tiempo, se necesitan 2 corcheas para llenar un tiempo, pero si la blanca equivale a un tiempo, se necesitan 4 corcheas para llenar un tiempo.

Figura	Tiempo de negra	Tiempo de blanca
Semicorchea	Un cuarto	Un octavo
Corchea	Medio	Un cuarto
Negra	**Uno**	Medio
Blanca	Dos	**Uno**
Redonda	Cuatro	Dos

¿Qué podemos hacer con estas indicaciones de compás?

Podemos leer, escribir y crear ritmos sobre ellas, como hicimos el día 4. Empecemos con un ritmo sencillo de 3 x 8. Este compás consta de 3 tiempos de corchea. Vamos a trazar el pulso con claridad. Para este ejercicio, cuatro compases serán suficientes:

Ahora vamos a componer un ritmo sencillo sobre ella. Pondremos una negra seguida de una corchea en el primer compás. Y lo repetiremos también en el segundo compás (solo porque es una buena posibilidad entre muchas).

En el tercer compás, colocaremos una figura larga que lo llene por completo. ¿Qué figura equivale a 3 corcheas? La respuesta es una negra con puntillo.

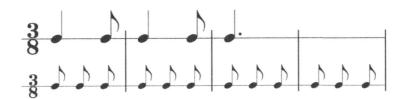

Y para terminar, utilizaremos un silencio de corchea seguido de una negra:

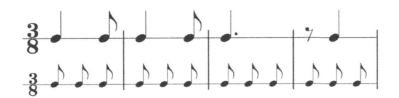

Ejemplo de audio 8.1

Ese es nuestro ritmo completo de 4 compases en 3 x 8.

Ahora vamos a crear otro ritmo, esta vez con la indicación de compás 2 x 2. Al igual que antes, vamos a trazar el pulso: 2 tiempos de blanca por compás:

Empecemos con una blanca con puntillo seguida de una negra para el primer compás. Para el segundo, continuaremos con algo sencillo como una blanca seguida de 2 negras:

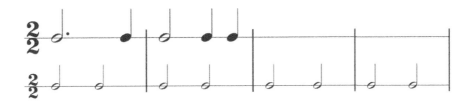

41

En el tercer compás, podemos colocar lo contrario que en el segundo: 2 negras primero y una blanca después. Y para terminar, una figura larga que llene todo el compás: una redonda.

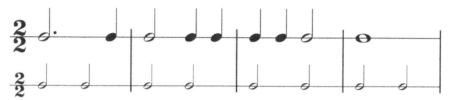

Ejemplo de audio 8.2

Este es nuestro ritmo completo: una posibilidad entre muchas muchas más.

Ten en cuenta que, una vez más, hemos hecho el proceso al revés. Empezamos con una indicación de compás y poco a poco hemos ido añadiendo un ritmo que encajara. Fuera de esta práctica, el carácter del propio ritmo es el que dicta cuál es la indicación de compás. Tampoco es necesario construir los compases de uno en uno; una unidad rítmica puede ocupar perfectamente medio compás, dos compases y medio, cualquier número de tiempos, e incluso menos de un tiempo.

Resumen rápido del día 8

Términos en esta lección

- **Compás de 2 x 8**: 2 tiempos de corchea en cada compás.
- **Compás de 3 x 8**: 3 tiempos de corchea en cada compás.
- **Compás de 4 x 8**: 4 tiempos de corchea en cada compás.
- **Compás de 2 x 2**: 2 tiempos de blanca en cada compás.
- **Compás de 3 x 2**: 3 tiempos de blanca en cada compás.
- **Compás de 4 x 2**: 4 tiempos de blanca en cada compás.

Resumen de la lección

- Al pulso (o tiempo) se le puede asignar cualquier figura: blanca, negra, corchea, etc. Puede definirse que «un pulso» equivale a cualquier figura.
- Cuando el compás se compone de tiempos de blanca, el número inferior de la indicación de compás es un 2.
- Cuando el compás se compone de tiempos de corchea, el número inferior de la indicación de compás es un 8.

Símbolos en esta lección

- Las indicaciones de compás: **2/8 3/8 4/8 2/2 3/2 4/2**

42

Ejercicios para el día 8

1. ¿Cuántos tiempos vale cada una de estas figuras si la corchea equivale a un tiempo?

    a. Una negra: __2__

    b. Una redonda: _____

    c. Una corchea: _____

    d. Una semicorchea: _____

    e. Una blanca: _____

2. ¿Cuántos tiempos vale cada una de estas figuras si la blanca equivale a un tiempo?

    a. Una blanca: __1__

    b. Una corchea: _____

    c. Una semicorchea: _____

    d. Una redonda: _____

    e. Una negra: _____

Notas

_____

_____

_____

_____

_____

_____

_____

_____

_____

_____

_____

Día 9
Compases compuestos y tiempos de figuras con puntillo

En lecciones anteriores, hemos descrito las indicaciones de compás como binarias (dos tiempos por compás), ternarias (tres tiempos por compás) o cuaternarias (cuatro tiempos por compás). Sin embargo, las indicaciones de compás también pueden clasificarse en función de su modalidad. Las más comunes se conocen como «simples» y «compuestas».

Las indicaciones de compás simples son las que hemos analizado hasta el momento. En estos compases, una de las figuras básicas que aprendimos el día 1 se asigna como tiempo. De este modo, tenemos tiempos de negra, tiempos de blanca, tiempos de corchea, etc.

Estas indicaciones de compás se consideran «simples» porque cada tiempo es divisible entre 2 de forma natural. Por ejemplo, 2 x 4 es un compás simple porque cada tiempo de negra se divide en dos corcheas. Por lo tanto, la indicación de compás 2 x 4 puede etiquetarse como «compás binario simple».

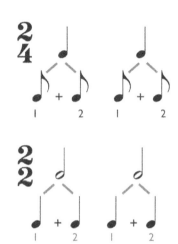

Otro compás binario simple es 2 x 2. Es binario porque consta de dos tiempos en cada compás, y simple porque cada uno de esos tiempos es divisible entre 2.

Los compases compuestos tienen tiempos de figuras con puntillo

Para cada compás simple, hay un compás compuesto equivalente. Mientras que los compases simples son aquellos cuyos tiempos están constituidos por figuras básicas, en los compases compuestos el tiempo se asigna a una figura con puntillo. Por lo tanto, los tiempos de los compases compuestos son divisibles entre 3 de forma natural.

Funciona del siguiente modo: acabamos de ver que el compás binario simple de 2 x 4 está formado por 2 tiempos de negra por compás, cada uno de los cuales puede dividirse en 2 corcheas. Sin embargo, si el compás estuviera compuesto por 2 negras con puntillo, cada uno de estos 2 tiempos sería divisible entre 3 de forma natural.

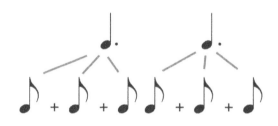

De hecho, la indicación de un compás formado por 2 negras con puntillo es 6 x 8. ¿Por qué 6? Porque sus dos tiempos principales, los tiempos de negra con puntillo, se dividen en 3 corcheas cada uno (que en total suman 6). Esta indicación de compás es un «compás binario compuesto».

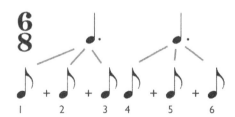

44

Es binario porque tiene dos tiempos principales y compuesto porque esos tiempos son divisibles entre 3. Veamos otro ejemplo: un compás ternario simple que consta de 3 corcheas por compás.

Su equivalente ternario compuesto debe constar de 3 corcheas con puntillo por compás y, como hemos visto, cada uno de estos tiempos es, a su vez, divisible en 3 (en este caso, 3 semicorcheas). Al sumar todas esas subdivisiones de semicorcheas, descubrimos que la indicación de compás es 9 x 16. Se trata de un «compás ternario compuesto» porque consta de 3 tiempos (ternario) divisibles entre 3 (compuesto).

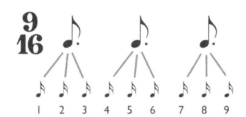

Por último, veamos un ejemplo de «compás cuaternario compuesto». Este compás se completa con 4 blancas con puntillo. ¿Cuál es la indicación de compás?

Cada blanca con puntillo se descompone en 3 negras, lo que nos da un total de 12. Ese será el número superior. El número inferior debe representar la subdivisión de la negra y, por nuestra experiencia con los compases simples, sabemos que es un 4. Por tanto, la indicación de compás de este compás cuaternario compuesto es 12 x 4. Consta de 4 tiempos, cada uno divisible entre 3:

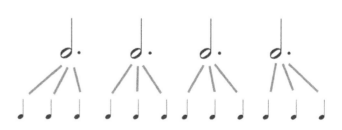

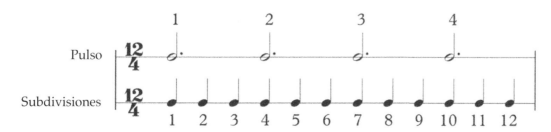

45

Tabla de indicaciones de compás

A continuación, se muestra una tabla de indicaciones de compás habituales, clasificadas como binarias, ternarias o cuaternarias, y como simples o compuestas. Los compases simples tienen un 2, un 3 o un 4 como número superior, mientras que los compases compuestos tienen un 6, un 9 o un 12 (divisibles entre 3, excepto el propio 3). Para transformar las indicaciones de compás simples en compuestas, hay que multiplicar el número superior por 3 y el inferior por 2.

	Simple	Compuesta
Binaria	$\frac{2}{8}$ ♪ ♪	$\frac{6}{16}$ ♪. ♪.
	$\frac{2}{4}$ ♩ ♩	$\frac{6}{8}$ ♩. ♩.
	$\frac{2}{2}$ 𝅗𝅥 𝅗𝅥	$\frac{6}{4}$ 𝅗𝅥. 𝅗𝅥.
Ternaria	$\frac{3}{8}$ ♪ ♪ ♪	$\frac{9}{16}$ ♪. ♪. ♪.
	$\frac{3}{4}$ ♩ ♩ ♩	$\frac{9}{8}$ ♩. ♩. ♩.
	$\frac{3}{2}$ 𝅗𝅥 𝅗𝅥 𝅗𝅥	$\frac{9}{4}$ 𝅗𝅥. 𝅗𝅥. 𝅗𝅥.
Cuaternaria	$\frac{4}{8}$ ♪ ♪ ♪ ♪	$\frac{12}{16}$ ♪. ♪. ♪. ♪.
	$\frac{4}{4}$ ♩ ♩ ♩ ♩	$\frac{12}{8}$ ♩. ♩. ♩. ♩.
	El compasillo es una alternativa a 4 x 4: **C** El compasillo binario es una alternativa a 2 x 2: **¢**	

Resumen rápido del día 9

Términos en esta lección

- **Compases compuestos**: compases (o métricas) con un pulso de figura con puntillo en el que cada tiempo es divisible entre 3.
- **Compases simples**: compàses con un pulso de figura básica en el que cada tiempo es divisible entre 2.
- **Compás binario**: compases con 2 tiempos principales por compás.
- **Compás ternario**: compases con 3 tiempos principales por compás.
- **Compás cuaternario**: compases con 4 tiempos principales por compás.

Resumen de la lección

- Además de binarios, ternarios y cuaternarios, los compases también pueden ser simples o compuestos.
- Los compases simples son aquellos cuyos tiempos son divisibles entre 2 de forma natural.
- Los compases compuestos tienen tiempos de figura con puntillo, por lo que son divisibles entre 3 de forma natural.

Experiencia de escucha: ¿Simple o compuesto?

En esta experiencia auditiva, tu tarea consiste en notar las diferencias entre compases simples y compuestos. Intenta determinar la respuesta en la primera escucha (aunque no está previsto que lo logres, en este punto).

Vuelve a escuchar los cortes varias veces más, después de consultar las respuestas. ¿Qué diferencias detectas en su carácter rítmico?

Lista de cortes de audio por compositor:

1. Marcello
2. Músorgski
3. Lehar
4. Mozart
5. Gounod
6. Offenbach
7. Prokofiev
8. Smetana
9. Beethoven
10. Vaughan Williams

Ejercicios para el día 9

1. Los compases simples son aquellas cuyos tiempos son divisibles entre _____

2. Los compases compuestos son aquellas cuyos tiempos son divisibles entre _____

3. Identifica estos compases como binario simple, ternario simple, cuaternario simple, binario compuesto, ternario compuesto o cuaternario compuesto.

a. $\frac{2}{2}$ _____   f. $\frac{4}{4}$ _____

b. $\frac{6}{8}$ _____   g. $\frac{3}{8}$ _____

c. $\frac{2}{4}$ _____   h. $\frac{9}{8}$ _____

d. $\frac{6}{4}$ _____   i. $\frac{3}{4}$ _____

e. $\frac{9}{16}$ _____   j. $\frac{12}{4}$ _____

Notas

_____

_____

_____

_____

_____

_____

_____

_____

Día 10
Barrado: conversión de corchetes en barras de unión

Para facilitar la lectura de la notación, los corchetes de las corcheas y las figuras de menor duración se sustituyen por una barra. El ritmo de la derecha es mucho más fácil de leer que el de la izquierda, aunque suenen igual:

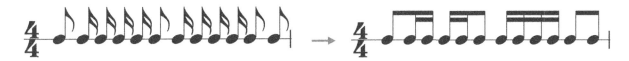

El barrado consiste en sustituir los corchetes de las figuras por barras: líneas horizontales que conectan dos o más figuras entre sí. A la hora de barrar, debemos tener en cuenta dos puntos principales:

1. **El número de corchetes determina el número de barras**: Cada corchete se convierte en una barra, por lo que las figuras que tienen un solo corchete (corcheas) se unen con una sola barra; las figuras que tienen dos corchetes (semicorcheas) se unen con dos barras; las figuras que tienen tres corchetes se unen con tres barras, etc.

2. **Se barran juntas las figuras que llenan un tiempo del compás**: Salvo algunas pequeñas excepciones, que veremos en las próximas páginas, las notas se suelen barrar por tiempos.

Veamos algunos ejemplos. Aquí tenemos un compás de 4 x 4 que precisa barrar:

Para barrar figuras, primero debemos tener en cuenta el compás. Como ya hemos aprendido al analizar las indicaciones de compás, 4 x 4 se compone de 4 tiempos de negra por compás. Así, en este ejemplo, obtenemos 4 grupos de figuras barradas, cada uno de los cuales equivale a un tiempo de negra:

tiempo 1   tiempo 2   tiempo 3   tiempo 4

Este es un ejemplo en 3 x 4. ¿Cómo barramos estas figuras?

La indicación de compás son 3 tiempos de negra en cada compás; agrupamos las notas según esos tiempos. Por lo tanto, cada grupo de figuras barradas equivale a 1 tiempo de negra:

- 1.er compás, 1.er tiempo: una corchea con puntillo y una semicorchea
- 1.er compás, 2.º tiempo: 2 corcheas
- 1.er compás, 3.er tiempo: 2 semicorcheas y una corchea
- 2.º compás, 1.er tiempo: 4 semicorcheas
- 2.º compás, 2.º tiempo: 2 semicorcheas y una corchea
- Y como el último tiempo es una negra, no tiene corchete y no precisa barra:

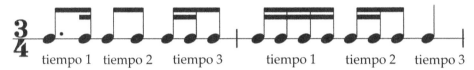

Fíjate en que las corcheas y las semicorcheas se unen entre sí, aunque lleven un número diferente de barras:

El barrado en compases compuestos sigue exactamente las mismas normas. Este es un ritmo con un compás de 6 x 8.

El barrado refleja los tiempos de las negras con puntillo:

Costumbres

El barrado tiene algunos matices que es importante señalar. A continuación, encontrarás una lista de sugerencias y costumbres. No hace falta que las memorices de inmediato; usa la lista como guía.

1. Cuando los dos primeros o los dos últimos tiempos del compás 4 x 4 contienen únicamente corcheas, se barran juntos:

2. Como muestra también el ejemplo anterior, en el compás 4 x 4, las barras nunca superan la duración de una blanca.

3. En 4 x 4, 3 x 4 y 2 x 4, las figuras inferiores a la corchea suelen barrarse por tiempos:

4. Las barras siempre comienzan en un tiempo fuerte, a menos que el grupo de figuras vaya precedido por una figura con puntillo o un silencio:

5. Cuando un compás de la indicación de compás 2 x 4, 3 x 4 o 3 x 8 se completa con corcheas, estas se suelen agrupar con una barra de unión.

Los compositores y autores a veces barran las figuras de forma poco convencional para dar a entender mejor el carácter de su música. Sin embargo, es importante conocer primero las costumbres para reconocer cualquier posible desviación.

Resumen rápido del día 10

Término en esta lección

- **Unión**: también conocida como «barrado», se produce cuando se unen corcheas u otras figuras de menor duración en grupos para facilitar la lectura de la partitura.

Resumen de la lección

- Para facilitar la lectura de la notación, las corcheas y las figuras de menor duración suelen unirse con una barra que sustituye a los corchetes.
- Las figuras se barran para mostrar dónde están los tiempos del compás y suelen comenzar en un tiempo fuerte.

Símbolos en esta lección

- Los corchetes de las corcheas y otras figuras de menor duración se convierten en barras:

Ejercicios para el día 10

1. En una hoja aparte, reescribe estos ritmos para que todas las corcheas y semicorcheas aparezcan debidamente barradas en función del compás. El pulso se marca debajo como ayuda.

Recuerda: Solo se convierten en barra los corchetes, por lo que solamente se pueden barrar figuras con corchete.

a.

b.

c.

d.

e.

f.

Día 11
Compases de amalgama: simple y compuesto combinados

El último tipo de compases de los que hablaremos son los «compases de amalgama». Estos compases no encajan en las categorías simple o compuesto, porque son una combinación de ambas. Un compás perteneciente a una indicación de compás de amalgama consta de dos o más tiempos de diferente duración.

Un compás de amalgama frecuente es el de 5 x 4 (5 tiempos de negra por compás):

Normalmente, este compás tiene dos pulsos fuertes. Sin embargo, a diferencia de lo que sucede con las indicaciones de compás simples y compuestas, los pulsos no tienen el mismo valor. Los cinco tiempos pueden subdividirse en un grupo de tres y otro de dos (lo cual crea un patrón de tiempos: fuerte, débil, débil, semifuerte, débil).

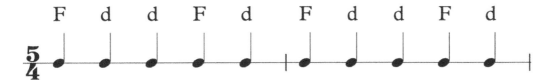

Ejemplo de audio 11.1

También puede tratarse de un grupo de dos tiempos seguido de otro de tres. Ahora los tiempos fuertes ocupan el primer y tercer lugar (lo cual crea un patrón de tiempos: fuerte, débil, semifuerte, débil, débil).

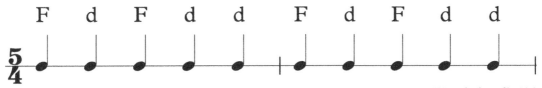

Ejemplo de audio 11.2

Uno de los primeros compositores importantes en utilizar este compás quinario fue Chaikovski, en el 2.º movimiento de 6.ª sinfonía. *El pequeño 3 sobre las 3 corcheas barradas indica un «tresillo», algo que se explica por completo en la siguiente lección.*

Ejemplo de audio 11.3: Solo ritmo
Ejemplo de audio 11.4: Pieza original

Veamos ahora el compás de 7 X 8 (es decir, compuesto de 7 tiempos). Hay 7 corcheas por compás.

Ejemplo de audio 11.5

Como hemos dicho, los compases de amalgama son una combinación de compases binarios y ternarios. Los tiempos del 7 x 8 suelen organizarse en dos pulsos dobles y uno triple. Esto nos da tres posibilidades para el patrón fuerte-débil.

La primera es como el esquema de arriba: 3 + 2 + 2.

Otra posibilidad es 2 + 2 + 3:   Y, por último, 2 + 3 + 2:

Ejemplo de audio 11.6   *Ejemplo de audio 11.7*

Esta combinación de doses y treses es lo que hace que el compás sea de amalgama. Lo anterior ofrece a los músicos posibilidades rítmicas nuevas y distintas para sus composiciones. Obviamente, ningún compás es mejor que otro, sino que todos son útiles en el contexto adecuado.

Resumen rápido del día 11

Término en esta lección

- **Compases de amalgama**: compases con grupos de tiempos de distinta duración. Un compás de un compás de amalgama comprende al menos dos grupos de tiempos de distinta duración: normalmente un grupo de dos tiempos y otro de tres.

Resumen de la lección

- Los compases de 5 x 4 y 7 x 8 son los compases de amalgama más frecuentes, pero también son posibles otros.
- Los pulsos principales de los compases de amalgama son una mezcla de doses y treses.

Símbolos en esta lección

- Indicaciones de compás para 2 compases de amalgama frecuentes: **5/4 7/8**

Ejercicios para el día 11

1. ¿En qué se diferencian los compases de amalgama de los simples y los compuestos?

2a. Convierte este pulso en un compás de 5 x 4 correcta mediante líneas divisorias:

2b. Convierte este pulso en un compás 7 x 8 correcta mediante líneas divisorias:

3. Completa estos ritmos como quieras. Propón dos soluciones para cada uno.
No hay respuestas incorrectas, siempre que completes los compases con el número adecuado de tiempos para esa indicación de compás.

a.

b.

c.

Notas

_____

_____

_____

_____

_____

_____

Día 12
Grupillos, dosillos, tresillos

En nuestro análisis de las indicaciones de compases simples y compuestos, vimos que su clasificación en uno u otro tipo depende de si los tiempos son divisibles entre 2 (compases simples) o entre 3 (compases compuestos) de forma natural:

Sin embargo, también es posible dividir un tiempo entre 3 en un compás simple, o entre 2 en un compás compuesto. Son divisiones del tiempo que se anotan mediante lo que se conoce como «grupillos». Un grupillo es cualquier subdivisión de un tiempo de un modo que el compás no permite de forma natural.

El tresillo

El grupillo más frecuente es, con diferencia, el «tresillo». Se utiliza en compases simples para hacer posible la división de una figura en 3 partes iguales, en lugar de las 2 normales. Aquí tenemos un ejemplo. Este es un ritmo simple en 2 x 4:

Ejemplo de audio 12.1

En esta versión, ese segundo par de corcheas se transforma en un tresillo: 3 figuras en lugar de 2. Escucha el ejemplo y observa cómo el tresillo divide el tiempo de negra en 3 partes iguales.

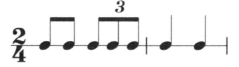

Ejemplo de audio 12.2

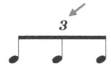
Como muestran los ejemplos, las figuras que componen un tresillo se barran con un pequeño 3 en el centro.

Si las figuras no pueden barrarse (porque no tienen corchete), una marca con un pequeño 3 lo aclara:

Al escuchar los ejemplos, tal vez te parezca que el tresillo se toca más rápido. Eso no es porque haya cambiado el tempo, sino porque ponemos más figuras en un mismo espacio. Para que entren, deben ser más cortas y, por tanto, más rápidas. En el ejemplo 12.1, el tiempo de la 2.ª negra se divide en 2, mientras que en el ejemplo 12.2, ese mismo tiempo se divide en 3 partes.

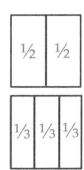

En resumen, un tresillo son 3 figuras de un mismo tipo que ocupan el espacio que correspondería a 2 de ese mismo tipo. Por ejemplo, 3 negras en el lugar de 2 negras, o 3 corcheas en el espacio de 2 corcheas.

El dosillo

Otro tipo habitual de grupillo es el dosillo, que funciona justo al revés del tresillo. El dosillo es la división de una figura en 2 partes iguales en lugar de las 3 normales. Como hemos visto en lecciones anteriores, la subdivisión natural de cada tiempo con puntillo en un compás compuesto son 3 partes iguales. El dosillo permite dividir ese mismo tiempo en 2 en lugar de los 3 normales. En este ejemplo con el compás 6 x 8, el dosillo permite dividir el tiempo de la negra con puntillo en 2 partes en lugar de 3:

Ejemplo de audio 12.3

Fíjate en la notación con un pequeño 2, que indica el dosillo. El dosillo son siempre 2 figuras de un mismo tipo que ocupan el espacio que correspondería a 3 de ese mismo tipo.

Antes de pasar a los ejercicios, toma nota de los términos que hemos aprendido hoy: «grupillo» se refiere a toda la categoría de subdivisiones artificiales de un tiempo, mientras que el «dosillo» es un tipo específico de grupillo en el que 2 figuras ocupan el lugar de 3.

Los tresillos y los dosillos son unos de los grupillos más frecuentes, pero hay otras posibilidades (más avanzadas), como: quintillos (subdivisión en 5 partes iguales), seisillos (subdivisión en 6) y septillos (subdivisión en 7), por citar varios.

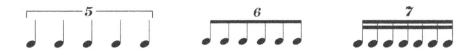

En la lección de hoy, hemos visto que el tresillo es la división de un tiempo en 3 partes iguales en lugar de 2. Sin embargo, podemos utilizar esas 3 partes iguales de diferentes maneras.

Empecemos con un ritmo simple que contiene un tresillo de corcheas:

Ejemplo de audio 12.4

Ahora vemos de nuevo ese mismo ritmo con el tresillo convertido en una negra más una corchea. El tresillo aquí vale exactamente lo mismo que antes (un tiempo de negra), porque sigue siendo una subdivisión en 3 partes iguales. La diferencia es que la negra ocupa 2 de esas partes y la corchea, la 3.ª:

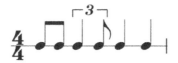

Ejemplo de audio 12.5

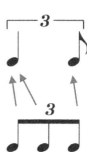

Este es otro ejemplo. Esta vez, el tresillo contiene un ritmo con puntillo:

Ejemplo de audio 12.6

Y por último, este tresillo contiene un silencio:

Ejemplo de audio 12.7

En todos estos ejemplos, las figuras siguen formando un tresillo de corcheas, el cual, a su vez, dura 1 tiempo de negra. No obstante, el ritmo real de un tresillo no siempre son 3 partes iguales. El tresillo crea el espacio para la subdivisión en 3 partes, pero dichas partes se pueden utilizar de diferentes maneras. Lo dicho se aplica a todos los grupillos.

Resumen rápido del día 12

Término en esta lección

- **Grupillos**: subdivisiones de tiempos (o partes de tiempos) de un modo que el compás no permite de forma natural.

Resumen de la lección

- Los tresillos se utilizan en compases simples para dividir una figura en 3 partes iguales en lugar de 2.
- Los dosillos se utilizan en compases compuestos para dividir una figura en 2 partes iguales en lugar de 3.

Símbolos en esta lección

- Números pequeños que indican grupillos: **2** para dosillos, **3** para tresillos, etc.

Ejercicios para el día 12

1. Completa los diferentes compases con un tresillo o dosillo en los lugares marcados con *. La primera línea está resuelta a título de ejemplo.

Recuerda: Un tresillo son tres figuras en el espacio que correspondería a dos (de esa misma figura); un dosillo son dos figuras en el espacio que correspondería a tres (de esa misma figura).

Día 13
La anacrusa

Es bastante habitual que un ritmo comience con un tiempo débil o en la parte débil de un tiempo. Este recurso se conoce como «anacrusa»: una nota, o grupo de notas, que precede al tiempo fuerte. Una anacrusa actúa como una especie de trampolín que da paso al tiempo fuerte.

La famosa melodía *Cumpleaños feliz* es un ejemplo muy conocido. El primer tiempo fuerte recae en la sílaba «*a*» (tercera sílaba de la palabra *cumpleaños*), mientras que la primera parte, «*cumple*», es la anacrusa.

Ejemplo de audio 13.1

Observa que la anacrusa conforma un compás incompleto. Cuando numeramos los compases, el compás incompleto no se cuenta como compás n.º 1. El compás n.º 1 es el primer compás completo.

Hay miles de ejemplos de ritmos que empiezan con anacrusa. Este es uno muy conocido de finales del siglo XVII: el comienzo del *Te Deum* de Charpentier.

Ejemplo de audio 13.2

Como hemos visto con *Cumpleaños feliz*, la anacrusa no tiene por qué limitarse a una sola nota. Cualquier tipo de ritmo puede constituir una anacrusa. En este ejemplo del minueto del *Quinteto de cuerda n.º 5* de Boccherini, consiste en un grupo de 4 semicorcheas:

Ejemplo de audio 13.3

En el op. 28 n.º 7, Chopin construye un preludio breve y apacible únicamente con este ritmo, que incluye una anacrusa:

Ejemplo de audio 13.4

Como el mismo ritmo de dos compases se repite otras siete veces en toda la pieza, cada aparición del ritmo termina en el segundo tiempo del compás. A continuación, el tercer tiempo se convierte en la anacrusa de la siguiente aparición de este mismo ritmo.

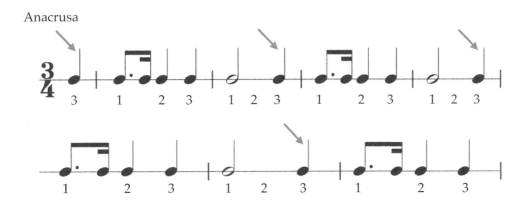

Observa que eso significa, por otra parte, que la anacrusa puede utilizarse en cualquier punto de una composición, no solo al principio. En el ejemplo de Chopin, es un rasgo significativo del carácter de la pieza, por lo que tiene sentido que, una vez presentado, se repita una y otra vez.

Escucha la pieza de Chopin, etiquetada como *ejemplo de audio 13.5*, y sigue la partitura proporcionada en la página siguiente. Para mayor facilidad, en la primera línea aparece solo el ritmo, mientras que la partitura de piano original se muestra debajo.

Las notas musicales, los símbolos y los términos de la parte para piano que aparecen en la partitura se verán en la siguiente sección de este libro.

Prelude
Op. 28 no. 7

F. Chopin

Resumen rápido del día 13

Término en esta lección

- **Anacrusa**: una o varias notas que preceden al tiempo fuerte.

Resumen de la lección

- La nota o notas que preceden a un tiempo fuerte se conocen como anacrusa.
- Una anacrusa puede ocurrir en cualquier lugar, no solo al principio de la composición.

Experiencia de escucha: ¿Hay anacrusa?

Es muy habitual que una composición comience con anacrusa y nos acostumbramos a ella a base de escuchar muchos ejemplos. En esta experiencia de escucha, tenemos una lista de 8 extractos musicales. Algunos comienzan con anacrusa y otros no. Intenta reconocer la anacrusa en la primera escucha, pero lo más importante es que vuelvas a escuchar cada corte varias veces una vez que ya conozcas las respuestas. En esa fase es en la que se produce el aprendizaje.

Lista de cortes de audio:

1. Beethoven: Sonata para violín y piano n.º 3, Rondó
2. Tradicional: Away in a Manger
3. Chopin: Nocturno Op. 9 n.º 2
4. Bach: Suite para violonchelo nº 1, «Preludio»
5. Dvorak: Tempo di Valse
6. Haydn: Sonata 59, «Finale»
7. Händel: Sarabanda
8. Albéniz: Asturias

Ejercicios para el día 13

1. Añade una anacrusa de tu elección a estos ritmos. Aquí no hay respuestas incorrectas. Simplemente hazlas sencillas y recuerda que pueden tener varias notas, no tiene por qué ser únicamente una.

a.

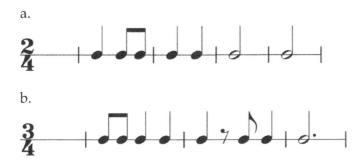

b.

63

c.

d.

e.

f.

g.

Notas

Día 14

La síncopa

El día 4 vimos que cada compás sigue un patrón fijo de tiempos fuertes y débiles. Sin embargo, a menudo sucede que se percibe un tiempo fuerte antes o después de lo esperado. Este suceso crea una especie de alteración rítmica, ya que la música altera nuestras expectativas relativas al ritmo fuerte. Este efecto se conoce como «síncopa».

La síncopa ocurre cuando una nota que ocupa un tiempo débil (o la parte débil de un tiempo) se convierte en más fuerte que las demás a su alrededor: ya sea alargándola más que las otras notas, dándole «peso rítmico» o aumentando su volumen.

El ritmo siguiente corresponde a la melodía *The Entertainer* de Scott Joplin. Las notas marcadas con un círculo son síncopas, porque se inician en un tiempo débil y duran más que las notas que las rodean. El efecto resultante es que los tiempos fuertes se producen de forma irregular, ya que se presentan antes o después de lo esperado en este compás.

Ejemplos de audio 14.1 y 14.2: Joplin: The Entertainer

Observa cómo el ritmo de Joplin termina con un tiempo fuerte regular en el cuarto compás. Una vez que el ritmo alcanza un tiempo tan fuerte (que coincide con el patrón fuerte-débil de su compás), el impulso creado por la síncopa se toma un respiro, aunque sea solo momentáneo.

Para que un ritmo sincopado sea más eficaz, el compás y su pulso deben haberse dejado ya claros. El efecto de un tiempo fuerte irregular es mayor sobre un fondo regular, ya que crea contraste. En el siguiente ejemplo, Beethoven sincopa el ritmo simplemente indicando al pianista que interprete el segundo tiempo más fuerte que el primero (tanto en el 2.º como en el 3.er compás).

La indicación «*sf*» es la abreviatura de «sforzando», término musical que significa «con fuerza». Este es un ejemplo de síncopa porque las notas acentuadas ocupan el 2.º tiempo del compás y, en el compás de 2 x 4, estos tiempos suelen ser los más débiles.

Ejemplo de audio 14.3: Beethoven: Sonata para piano n.º 13, allegro vivace, compases 119-122

Resumen rápido del día 14

Término en esta lección

- **Síncopa**: se produce cuando una nota que ocupa un tiempo débil se convierte en más fuerte que las demás a su alrededor, ya sea alargándola (dándole peso rítmico) o acentuándola (aumentando su volumen).

Resumen de la lección

- La síncopa es una especie de alteración rítmica que se da cuando un tiempo fuerte aparece antes o después de lo esperado (según el patrón fuerte-débil del compás).

Ejercicios para el día 14

1. Marca las síncopas de estos ritmos con un círculo.

a.

b.

c.

d.

Notas

_____

_____

_____

_____

_____

Parte 2
Cómo funciona el tono musical

En música, el término «tono» hace referencia a nuestra percepción de lo agudo o grave que suena una nota. El tono es el resultado de las ondas sonoras que se desplazan a través del aire, llegan a nuestros oídos y son interpretadas como sonido en nuestro cerebro. Una onda sonora es muy parecida a las ondulaciones del agua o al viento que mece un campo sembrado. En lugar de agua o hierba, el sonido se mueve a través del aire que nos rodea.

Existen dos tipos básicos de ondas sonoras: uniformes y aleatorias. Los tonos producidos por ondas aleatorias son indefinidos. Estos sonidos se perciben como ruido o, en términos musicales, como percusión. Los ejemplos incluyen innumerables hechos cotidianos como rasgar papel, martillazos contra una pared, cristales que se rompen o agua corriente. Los tambores y muchos otros instrumentos de percusión («sin afinar») también emiten un tono indefinido.

Onda aleatoria

En cambio, los tonos producidos por ondas uniformes son definidos y los percibimos como tonos musicales. Son ejemplos de ello cantar, tararear y todos los tonos producidos por instrumentos musicales que permiten interpretar melodías.

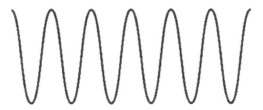

Onda uniforme

En nuestro estudio del tono, nos ocuparemos principalmente de los tonos definidos.

Los días 15 y 16 aprenderemos cómo se organizan todos los tonos musicales para producir la base de nuestra escala musical. Del 17 al 23, veremos cómo se representan los distintos tonos (y todos los matices posibles) en la notación musical.

Día 15
La escala musical en los instrumentos

Aunque este curso no enseña a tocar el piano ni la guitarra, es útil observar la disposición de los instrumentos, ya que nos sirve para visualizar la teoría en la que se basa la música. Con la ayuda del piano y la guitarra, hoy aprenderemos la escala musical y varios conceptos importantes asociados.

Los instrumentos, de un vistazo

Si observamos la disposición del teclado, se aprecia fácilmente que existe un patrón recurrente en la disposición de las teclas. El patrón consta de 12 teclas y se repite varias veces. En el esquema siguiente, el patrón se inicia tres veces (como muestran las flechas):

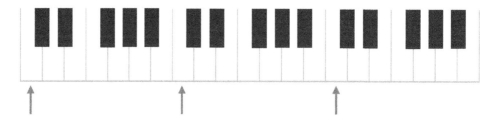

Un ejemplo del patrón consta de 12 teclas, de las cuales 7 son blancas y 5 negras. Cada una de estas teclas produce un sonido diferente:

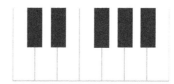

El diapasón de la guitarra no muestra la diferencia entre teclas blancas y negras. Por el contrario, en el mástil de una guitarra encontramos seis cuerdas divididas en recuadros, conocidos como trastes. Cada traste de cada cuerda produce un sonido diferente. En la mayoría de las guitarras, el diapasón está marcado con un punto en el 3.er, 5.º, 7.º y 9.º trastes, y con dos puntos en el 12.º (indicado por la flecha a continuación):

¿Qué relevancia tiene el número 12?

Las 12 teclas del teclado y los 12 trastes de cualquiera de las 6 cuerdas de la guitarra son los 12 sonidos distintos que componen la escala musical. En el teclado, a medida que nos desplazamos hacia la izquierda, las teclas producen sonidos cada vez más graves, mientras que al desplazarnos hacia la derecha los sonidos son cada vez más agudos. En una cuerda de guitarra, a medida que subimos de traste en el diapasón (hacia el cuerpo del guitarrista), se producen sonidos más agudos, mientras que en sentido descendente obtenemos sonidos más graves.

Nomenclatura

Las 7 notas correspondientes a las teclas blancas del teclado reciben la denominación siguiente: Do, Re, Mi, Fa, Sol, La y Si.

Como hemos visto, el patrón se repite hacia ambos lados del teclado, así que después de la nota Si, vendrá un nuevo Do y el patrón comenzará de nuevo. Aquí puedes ver el teclado, empezando por la nota Do, con las 12 teclas dos veces más.

La octava

Dado que, como muestra el esquema anterior, el patrón de 12 notas se repite en ambos sentidos, los instrumentos tienen varias notas con el mismo nombre. De las 88 teclas de un piano completo, por ejemplo, 8 se llaman Do. De las 44 notas de una guitarra clásica, 4 se llaman Si.

La distancia entre una nota cualquiera y la siguiente de su mismo nombre se conoce como «octava». De este modo, por ejemplo, la distancia entre un Do y el siguiente ascendente o descendente es de una octava. Como hemos visto, una octava contiene 12 notas diferentes. En otras palabras, una octava comprende una representación completa de toda la escala musical.

Es interesante señalar que el término «octava» hace referencia a ocho, no a doce. La razón de esta anomalía es que, si seguimos solo los nombres de nota (y excluímos las teclas negras del teclado), la distancia entre un Sol y el siguiente, por ejemplo, es de 8 teclas u 8 notas:

Del mismo modo, una octava en una cuerda de guitarra abarca 12 trastes. En la cuerda más grave (con la afinación típica), por ejemplo, el 1.er traste es la nota Fa. El siguiente Fa de esa misma cuerda está en el 13.er traste.

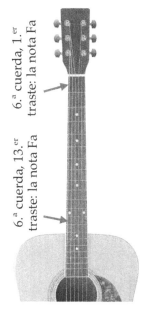

Al leer sobre teoría musical y composición, vemos que la palabra «octava» se utiliza de diferentes maneras. Por ejemplo, la nota Do numerada con un 8 en el esquema siguiente es una octava más aguda que el otro Do. Al mismo tiempo, obviamente, el 1.er Do es una octava

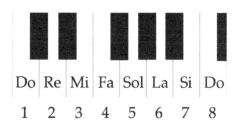

más grave que el otro Do (observa que, al contar la distancia entre los tonos musicales, al primero se le asigna el n.º 1). Las dos notas Fa que se muestran a continuación están separadas por una octava, mientras que las dos notas Do están separadas por dos octavas:

Número de octava

En música, contamos con una amplia variedad de notas que abarcan aproximadamente 8 octavas, lo que significa que cada nombre de nota de la escala musical se repite muchas veces. Para distinguir las notas que se llaman igual, las octavas se numeran del 0 al 9. Este sistema de numeración se denomina «índice acústico científico» (abreviado como «IAC») y nos permite referirnos a una nota concreta especificando su octava. En este sistema, una octava cualquiera comienza en Do, continúa con Re, Mi, Fa, Sol y La, y termina en Si.

Así pues, la primera octava son las notas:

Do$_0$, Re$_0$, Mi$_0$, Fa$_0$, Sol$_0$, La$_0$ y Si$_0$.

Y la segunda octava son las notas:

Do$_1$, Re$_1$, Mi$_1$, Fa$_1$, Sol$_1$, La$_1$ y Si$_1$.

Como hemos dicho, este sistema de numeración es útil al hablar de sonidos específicos. La nota más grave del piano, por ejemplo, es en concreto el La$_0$ (y no cualquier La), mientras que la más aguda es el Do$_8$ (y no cualquier Do). Las cuatro cuerdas del violín están afinadas específicamente en Sol$_3$, Re$_4$, La$_4$ y Mi$_5$, mientras que las de la guitarra son Mi$_2$, La$_2$, Re$_3$, Sol$_3$, Si$_3$ y Mi$_4$.

Resumen rápido del día 15

Término en esta lección

- **Octava**: distancia entre dos notas cualesquiera que comparten el mismo nombre.

Resumen de la lección

- Hay 12 sonidos en la escala musical.
- En un piano, estos 12 sonidos se asignan a 7 teclas blancas y 5 negras.
- Las teclas blancas se denominan Do, Re, Mi, Fa, Sol, La y Si.

Ejercicios para el día 15

1. Rellena los espacios en blanco:

   a. La escala musical se compone de _____ sonidos.

   b. En el teclado del piano, _____ sonidos de una escala son teclas blancas.

   c. Los otros _____ son teclas negras.

2. Rellena los espacios en blanco:

   a. Las notas se nombran del modo siguiente: _____

   b. La distancia entre dos teclas que comparten un mismo nombre es de _____ teclas blancas. Esta distancia se conoce como _____

   c. Dibuja un teclado y marca esta distancia.

3. Dado que la escala musical se repite muchas veces, utilizamos el IAC.

   a. ¿Qué significa IAC? _____

   b. El IAC es útil porque nos permite hacer referencia a una nota específica por medio de

_____

Día 16
Tonos musicales

En la teoría de la música, la distancia entre dos notas cualesquiera se denomina «intervalo». Existen varios tipos de intervalos. En el libro 2, llamado *Teoría de la música en 30 días*, aprenderemos a identificar todos y cada uno de ellos. Por ahora, sin embargo, solo trataremos los más pequeños, porque la escala musical depende de ellos.

El semitono

En la lección anterior, tal vez notaras que en una octava del piano hay dos pares de teclas que no tienen tecla negra intermedia. Son Mi-Fa y Si-Do.

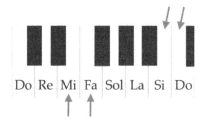

Representan la menor distancia posible entre dos notas. Esta distancia se denomina «semitono».

En el teclado, un semitono es la distancia que hay entre una tecla cualquiera y la primera adyacente. Es indiferente si la distancia es hacia la derecha o hacia la izquierda del teclado, o si las teclas son blancas o negras; siempre hay un semitono entre una tecla y la siguiente más cercana. En la guitarra, un semitono es la distancia entre un traste cualquiera y el inmediatamente siguiente en la misma cuerda.

Así, si tocamos un Mi y queremos subir un semitono (lo que equivale a pasar a la nota superior más cercana), obtenemos un Fa. Y de forma similar, si tocamos un Do y queremos bajar un semitono (pasar a la nota inferior más cercana), obtenemos un Si. Si partimos de un Fa y subimos un semitono, llegamos al traste superior, y si partimos de un Re y bajamos un semitono, vamos al traste inferior.

En la próxima lección, aprenderemos a nombrar todas estas notas para completar nuestro conocimiento de la escala musical.

El tono

Un tono es la distancia de dos semitonos. En la guitarra, es la distancia entre dos trastes cualesquiera que comprendan un traste intermedio (en la misma cuerda). En el piano, es la distancia entre dos teclas que comprenden una tecla intermedia.

Así pues, para subir un tono desde un Re, por ejemplo, simplemente nos saltamos una nota y llegamos al Mi. La distancia entre Re y Mi es de un tono:

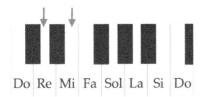

Ahora bajemos un tono desde un Sol. Un semitono menos nos lleva a la tecla negra a su izquierda, y un semitono más nos lleva hasta el Fa. La distancia entre Fa y Sol es de un tono.

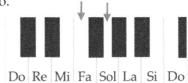

Así, entre las 7 teclas blancas de un piano, hay 5 tonos y 2 semitonos. Como hemos visto, los semitonos están entre Mi-Fa y Si-Do, mientras que los tonos están entre Do-Re, Re-Mi, Fa-Sol, Sol-La y La-Si.

Aquí se muestran sobre una cuerda de guitarra. En el esquema siguiente, las líneas horizontales representan las cuerdas, mientras que las verticales simbolizan los trastes. Fíjate en que se requieren 12 trastes para completar la octava; los semitonos (Mi-Fa y Si-Do) son contiguos y los tonos tienen un traste intermedio. Esta es nuestra escala musical en la práctica.

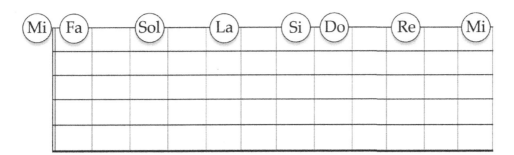

Resumen rápido del día 16

Términos en esta lección

- **Semitono:** es la distancia entre dos notas cualesquiera que están una seguida de la otra.
- **Tono**: es la distancia que comprende dos semitonos. Es la distancia entre 2 notas cualesquiera separadas por 1 nota (o tecla o traste) intermedia.

Resumen de la lección

- La escala musical se compone de 12 sonidos distintos, que se repiten hacia arriba y hacia abajo hasta que un instrumento llega a su límite.
- El semitono es la menor distancia posible entre dos teclas cualesquiera de un teclado.
- El tono es la distancia entre 2 notas cualesquiera separadas por 1 nota (o tecla) intermedia.

Ejercicios para el día 16

1. Indica qué tecla está un **semitono por debajo** de las notas marcadas con un círculo:

a.

c.

b.

d.

2. Indica qué tecla está un **semitono por encima** de las notas marcadas con un círculo:

a.

c.

b.

d.

3. Indica qué tecla está un **tono por debajo** de las notas marcadas con un círculo:

a.
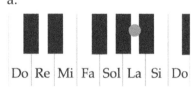

c.

b.
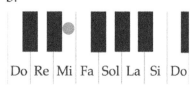

d.

4. Indica qué tecla está un **tono por encima** de las notas marcadas con un círculo:

a.

Do | Re | Mi | Fa | Sol | La | Si | Do

c.

Do | Re | Mi | Fa | Sol | La | Si | Do

b.

Do | Re | Mi | Fa | Sol | La | Si | Do

d.

Do | Re | Mi | Fa | Sol | La | Si | Do

5. En un teclado (real o virtual) o una guitarra, toca varios tonos y entónalos. Luego haz lo mismo con los semitonos. Escucha atentamente y compáralos: fíjate en cómo suenan y cómo vibran las cuerdas vocales. La diferencia puede ser sutil al principio, pero sin duda es perceptible. Una vez que tus oídos se hayan habituado al sonido de los tonos y semitonos, puedes pasar a la experiencia de escucha de hoy.

𝄞 Experiencia de escucha: **¿Tono o semitono?**

En esta experiencia de escucha, tenemos 10 pares de notas. Escúchalos e intenta determinar cuáles están separados por un tono y cuáles por un semitono. Anota «T» para los tonos y «S» para los semitonos:

1. _____   5. _____   9. _____

2. _____   6. _____   10. _____

3. _____   7. _____

4. _____   8. _____

Tanto si has acertado como si no, vuelve a escucharlos y a entonarlos fijándote en las respuestas.

Notas

_____
_____
_____
_____
_____
_____

Día 17
Alteraciones

Hasta este momento, hemos aprendido que la escala musical consta de una octava que contiene 12 notas distintas, que se corresponden con 12 trastes de la guitarra y 12 teclas del piano. Las notas que se tocan con las teclas blancas del teclado se denominan Do, Re, Mi, Fa, Sol, La y Si. Después, comienza una nueva octava y se repite el patrón hasta que se agota el alcance del instrumento.

Las 5 notas restantes de la escala musical también llevan los nombres Do, Re, Mi, Fa, Sol, La o Si, pero para diferenciarlas necesitamos «alteraciones». Existen tres alteraciones básicas, cuya función es subir o bajar la nota 1 semitono. Las dos primeras que estudiaremos se llaman «sostenido» y «bemol».

El sostenido

En notación musical, el sostenido se representa con este símbolo:

Su función es subir el sonido de una nota un semitono. Al colocar un sostenido junto a una nota, obtenemos la nota inmediatamente superior. El nombre de esta nueva nota consta de dos partes: el nombre de la nota original y la palabra «sostenido» (o su símbolo). Por ejemplo, si colocamos un sostenido junto al Do, obtenemos un Do sostenido (que podemos escribir como «Do #») y su sonido es un semitono más alto que el del Do. Del mismo modo, el Sol sostenido es un semitono más alto que el Sol.

De este modo, la escala musical se compone de 12 tonos distintos, 5 de los cuales se llaman sostenidos. Empezando por Mi, por ejemplo, son: Mi, Fa, Fa sostenido, Sol, Sol sostenido, La, La sostenido, Si, Do, Do sostenido, Re, Re sostenido (y luego un nuevo Mi). Aquí puedes verlos en una cuerda de guitarra:

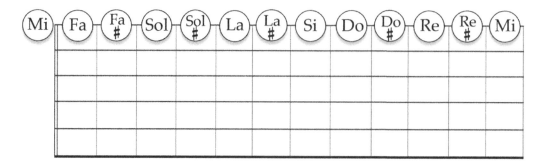

El bemol

La siguiente alteración se denomina «bemol» y se representa con este símbolo:

Mientras que el sostenido eleva la nota un semitono, el bemol la baja un semitono. Al colocar un bemol junto a una nota, obtenemos la nota inmediatamente inferior. Como vimos con los sostenidos, el nombre de estas notas se compone de dos partes: el nombre de la nota original y la palabra «bemol». Por ejemplo, si colocamos un bemol junto al Si, obtenemos un Si bemol (que podemos escribir como «Si b») y su sonido es un semitono más bajo que el del Si. Del mismo modo, el Mi bemol es un semitono más bajo que el Mi:

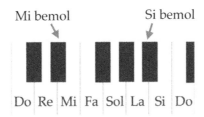

Por tanto, las cinco notas sostenidas que hemos visto antes también pueden denominarse con bemoles en su lugar. Veamos de nuevo la escala musical, empezando por Mi: Mi, Fa, Sol bemol, Sol, La bemol, La, Si bemol, Si, Do, Re bemol, Re, Mi bemol (y luego un nuevo Mi). Aquí puedes verlos en una cuerda de guitarra:

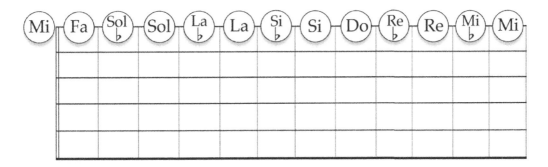

Ahora nuestra escala musical de 12 tonos está completa. Tenemos 7 teclas blancas y 5 teclas negras, cada una con 2 posibles nombres:

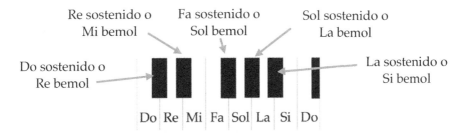

Si te preguntas para qué renombramos las mismas notas con bemoles, cuando ya hemos aprendido su nombre con el sostenido, es para mostrar cómo funcionan los sostenidos y bemoles. Veámoslo a continuación.

Equivalencia enarmónica

Equivalencia enarmónica es la denominación elegante para designar con dos nombres (o grafías) diferentes una misma nota. Las notas pueden tener nombres alternativos gracias al concepto funcional de los sostenidos y bemoles. El sostenido sube cualquier nota un semitono, mientras que el bemol baja cualquier nota un semitono, independientemente de la nota original a la que altere. Así pues, la nota que está un semitono por encima de Re, por ejemplo, es un Re sostenido. Al mismo tiempo, esa misma nota está un semitono por debajo del Mi, por lo que también puede anotarse como Mi bemol.

Es un error frecuente pensar que solo las teclas blancas pueden modificarse con un sostenido o bemol y que solo las teclas negras son sostenidos y bemoles. Se puede subir o bajar absolutamente cualquier nota: da igual si es un Si, un Fa, un Mi, un Sol o incluso un Mi bemol o un Do sostenido. Por ejemplo, al elevar un Mi se obtiene un Mi sostenido. Y, evidentemente, se trata de un equivalente enarmónico de la nota Fa: Mi sostenido y Fa son dos denominaciones de un mismo sonido. Del mismo modo, Do bemol y Si son un mismo sonido; al igual que Sol sostenido y La bemol, o Do sostenido y Re bemol.

Una nota se designa con una denominación u otra en función del contexto. Este es un tema importante que trataremos en el segundo libro. Lo importante, de momento, es entender que tanto los sostenidos como los bemoles son esenciales en el sistema musical.

El becuadro

Ahora bien, ¿qué ocurre cuando queremos subir una nota que lleva un bemol? ¿O bajar una nota que lleva un sostenido? ¿Cómo se devuelve una nota alterada a su versión original? Aquí es donde entra en juego la tercera alteración. Se denomina «becuadro» y su símbolo en notación musical es el de la derecha.

El becuadro

Su función es anular un sostenido o un bemol aparecido antes. Por ejemplo, para convertir un Do sostenido en Do natural, la segunda nota debe llevar un becuadro para especificar que no se trata de un nuevo Do sostenido. Sin las alteraciones, podría malinterpretarse una nota fácilmente. El becuadro también se utiliza para anular un bemol. Por ejemplo, para subir un semitono de Mi bemol a Mi, ese segundo Mi debe llevar un becuadro para especificar que no se trata de otro Mi bemol.

El becuadro, por tanto, puede tanto subir como bajar las notas. Cuando anula un sostenido, baja la nota un semitono y, por tanto, la devuelve a su sonido original. Cuando anula un bemol, sube la nota un semitono y la devuelve a su sonido original.

Las alteraciones dobles

Las notas con bemol pueden bajarse de tono aún más, y las notas con sostenido también pueden subirse más. Aquí es donde entran en juego las alteraciones del «doble sostenido» y «doble bemol», aunque no son tan habituales como el sostenido, el bemol y el becuadro.

El doble sostenido

El símbolo del doble sostenido es este:

Su función es subir el sonido de una nota un tono. Por ejemplo, el doble sostenido de la nota Fa da lugar a la nota Fa doble sostenido (equivalente enarmónico de la nota Sol).

El doble bemol

El símbolo del doble bemol es este: 𝄫

Su función es bajar el sonido de una nota un tono. Por ejemplo, el doble bemol de la nota Mi da lugar a la nota Mi doble bemol (equivalente enarmónico de la nota Re).

A causa de todas las alteraciones existentes, hay mucha flexibilidad a la hora de nombrar las notas. De hecho, los 12 tonos de la escala musical tienen al menos un nombre alternativo, es decir, un equivalente enarmónico.

Resumen rápido del día 17

Términos en esta lección

- **Alteraciones:** símbolos de notación musical que suben o bajan una nota en un semitono (o un tono entero, en el caso de las alteraciones dobles).
- **Equivalencia enarmónica:** dos nombres (o denominaciones) para un mismo tono.

Resumen de la lección

- El sostenido sube cualquier nota un semitono.
- El bemol baja cualquier nota un semitono.
- El becuadro anula un sostenido o un bemol.
- El doble sostenido sube cualquier nota un tono.
- El doble bemol baja cualquier nota un tono.

Símbolos en esta lección

- El sostenido: ♯
- El bemol: ♭
- El becuadro: ♮

- El doble sostenido: 𝄪
- El doble bemol: 𝄫

Ejercicios para el día 17

1a. ¿Cuál de estas alteraciones es un sostenido?

b. Su función es _____ la nota un semitono.

2a. ¿Cuál de estas alteraciones es un bemol?

b. Su función es _____ la nota un semitono.

3a. ¿Cuál de estas alteraciones es un becuadro?

Su función es _____

4. Utiliza los esquemas del teclado a continuación para marcar las notas indicadas.

a. Fa sostenido

b. Mi bemol

c. Sol natural

d. Re doble sostenido

e. La sostenido

Do Re Mi Fa Sol La Si Do

f. Si bemol

Do Re Mi Fa Sol La Si Do

g. Sol bemol

Do Re Mi Fa Sol La Si Do

h. Fa bemol

Do Re Mi Fa Sol La Si Do

5. ¿Cuál es un equivalente enarmónico de las siguientes notas?

a. Re sostenido = _Mi bemol_

b. Fa bemol = _____

c. Si sostenido = _____

d. Sol sostenido = _____

e. Mi bemol = _____

f. La sostenido = _____

g. La doble sostenido = _____

h. Do natural = _____

i. Sol doble sostenido = _____

j. Si bemol = _____

Notas

_____

_____

_____

_____

_____

_____

_____

_____

_____

_____

Día 18
Representar tonos en el pentagrama

Puesto que percibimos los tonos musicales como agudos o graves con respecto a los demás, necesitamos un sistema de notación capaz de plasmar estas relaciones con claridad sobre el papel.

El pentagrama, un conjunto de cinco líneas horizontales, nos proporciona dicho sistema.

Las notas musicales se escriben sobre las cinco líneas del pentagrama:

Así como en los cuatro espacios entre líneas:

Las notas que son más agudas se sitúan más arriba en el pentagrama, mientras que las notas más graves se sitúan más abajo. Considerando que las notas del pentagrama se leen de izquierda a derecha, al igual que en castellano, dichas notas pueden sucederse de tres maneras:

1. Subir o bajar al siguiente espacio o línea, lo que en términos musicales se conoce como «movimiento conjunto»:

2. Subir o bajar más de un nivel, lo que se conoce como «movimiento disjunto»:

3. Repetir la misma nota, lo que se conoce como «movimiento estacionario»:

Las notas que suenan a la vez se representan uno sobre otro:

Resumen rápido del día 18

Términos en esta lección

- **Pentagrama:** es un conjunto de cinco líneas horizontales paralelas. En la notación musical, las notas se escriben sobre las líneas y en los espacios entre ellas.
- **Movimiento conjunto:** notas que se suceden de forma correlativa (en el pentagrama).
- **Movimiento disjunto:** notas que se suceden de forma no correlativa.
- **Movimiento estacionario:** dos o más notas que se repiten en el pentagrama.

Resumen de la lección

- Las notas que son más agudas se sitúan más arriba en el pentagrama, mientras que las notas más graves se sitúan más abajo.
- Las notas del pentagrama se leen de izquierda a derecha, al igual que un texto escrito.
- Las notas que suenan a la vez se representan una sobre otra en el pentagrama.

Símbolos en esta lección

- El pentagrama:

Ejercicios para el día 18

1. ¿De cuántas líneas se compone el pentagrama musical?

2. En una hoja pautada en blanco, escribe: a) dos notas diferentes colocadas sobre una línea; b) dos notas diferentes colocadas en los espacios entre líneas.

3. En una hoja pautada en blanco, escribe dos notas que: a) se muevan de forma conjunta; b) se muevan de forma disjunta; c) estén una sobre otra.

Notas

_____

_____

_____

_____

_____

_____

Día 19
Rebasar el pentagrama con líneas adicionales

Aunque las cinco líneas y los cuatro espacios del pentagrama son bastante eficaces para representar tonos sobre el papel, también disponemos de un medio para representar notas más graves o más agudas de lo que admite un pentagrama.

Para ello, simplemente añadimos líneas según sea necesario, tanto encima del pentagrama para representar notas más agudas como debajo para notas más graves:

Estas líneas extra se denominan «líneas adicionales». Al igual que sucede en el pentagrama normal, las notas pueden colocarse sobre las propias líneas adicionales:

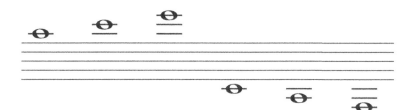

O en los espacios:

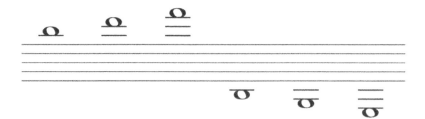

Advertencia

La notación está pensada para ofrecer al lector partituras musicales sencillas y fáciles de leer. El uso excesivo de las líneas adicionales dificulta el reconocimiento de las notas, por lo que suelen limitarse a unas cuatro o cinco.

Resumen rápido del día 19

Término en esta lección

- **Líneas adicionales:** son unas líneas cortas que se añaden arriba o abajo del pentagrama para representar notas más agudas o más graves.

Resumen de la lección

- Las líneas adicionales funcionan del mismo modo que las líneas del pentagrama: las notas pueden colocarse sobre las líneas o en los espacios entre ellas.
- En teoría, no hay límite con respecto al número de líneas adicionales que pueden utilizarse, pero por lo general no son más de cuatro o cinco.

Símbolos en esta lección

- Líneas adicionales arriba y abajo del pentagrama:

Ejercicios para el día 19

1. Para representar notas más agudas o más graves de lo que permite el pentagrama, se utilizan líneas _____.

2. En una hoja de papel pautado, representa de 3 a 5 notas con líneas adicionales superiores.

3. En una hoja de papel pautado, representa de 3 a 5 notas con líneas adicionales inferiores.

4. En una hoja de papel pautado, representa de 3 a 5 notas que no requieran líneas adicionales.

Notas

_____

_____

_____

_____

_____

Día 20
La clave de Sol

¿Cómo puede un pentagrama con cinco líneas, cuatro espacios y varias líneas adicionales representar todas las notas musicales que existen? Entre los instrumentos más graves de la orquesta y los más agudos, por ejemplo, hay una distancia de más de siete octavas. ¿Cómo se gestiona todo eso con un pentagrama y unas pocas líneas adicionales?

La respuesta está en la «clave», un símbolo que nos indica exactamente qué notas se representan en ese pentagrama en concreto. A lo largo de la historia de la música se han utilizado muchas claves distintas, pero actualmente las más frecuentes son dos: la «clave de Fa» para las notas graves y la «clave de Sol» para las notas más agudas.

La clave de Sol

La clave que más se utiliza hoy en día es este conocido símbolo musical, la clave de Sol:

Si nunca has trazado una clave de Sol, inténtalo paso a paso:

1. Empieza por esta curva, en el sentido de las agujas del reloj.

2. Sigue hacia arriba como si quisieras trazar el n.° 6.

3. Prepara el giro en la dirección opuesta.

4. Traza una línea hacia abajo.

5. Termina con un giro hacia adentro.

La clave de Sol se utiliza para notas relativamente agudas. En un principio, las claves de Sol eran varias y se utilizaban para designar dónde se situaba la nota Sol en el pentagrama, en función del lugar exacto en el que se trazara la clave.

Por ejemplo, si la clave de Sol se traza a partir de la primera línea (inferior):

La nota de esa línea se convierte en el Sol (en concreto, Sol_4 en el IAC). Una vez determinado dónde está el Sol, podemos averiguar cuáles son las demás notas con solo contar en sentido ascendente y descendente en la escala musical. La clave de Sol con la que estamos familiarizados hoy en día es la que asigna la nota Sol a la 2.ª línea del pentagrama (*las líneas del pentagrama se cuentan de abajo arriba*).

Así pues, con la clave de Sol al principio del pentagrama, las notas se denominan como sigue:

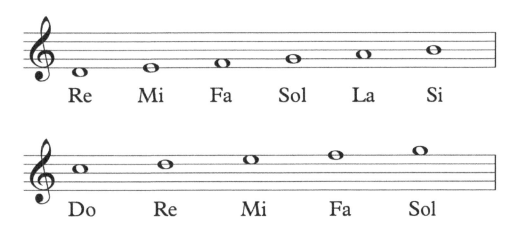

ⓘ Consejo profesional: **Leer notas en clave de Sol rápido**

Estos son dos trucos sencillos que te ayudarán a calcular las notas en clave de Sol con mayor rapidez. Las notas de los cuatro espacios (Fa, La, Do, Mi) conforman la frase: FAtima LAgrimea los DOmingos en MIsa.

Mientras que las de las cinco líneas (Mi, Sol, Si, Re, Fa) dan lugar a: MI SOL SIempre REina FAntástico:

Mi   Sol   Si   Re   Fa

Por otra parte, recuerda que la línea central es siempre un Si y que puedes contar hacia arriba o hacia abajo en la escala. La nota anterior al Si es el La, mientras que la siguiente es un Do, y así sucesivamente.

Este es un ejemplo de melodía en clave de Sol, inicialmente compuesta para violín. Observa el uso de la línea adicional sobre el pentagrama.

¿Puedes decir el nombre de todas las notas?

Ejemplo de audio 20.1: Bach. Concierto para violín BWV 1041.

Resumen rápido del día 20

Término en esta lección

- **Claves:** símbolos que indican exactamente qué notas se representan en el pentagrama.

Resumen de la lección

- En una partitura, la clave es el primer símbolo que vemos en un pentagrama.
- La clave de Sol es la más utilizada en la actualidad. Especifica que la 2.ª línea del pentagrama es la nota Sol.

Símbolos en esta lección

- La clave de Sol y sus notas:

Re   Mi   Fa   Sol   La   Si   Do   Re   Mi   Fa   Sol

Ejercicios para el día 20

1. Nombra estas notas en clave de Sol:

2. En un pentagrama vacío, dibuja una clave de Sol y luego escribe las siguientes notas (en la octava que prefieras):

a. Si bemol
b. Sol
c. Si natural
d. Do sostenido
e. La bemol

f. Re
g. Fa
h. Fa sostenido
i. Mi bemol

Notas

_____

_____

_____

_____

_____

_____

_____

Día 21
La clave de Fa

Mientras que la clave de Sol se utiliza para representar tonos relativamente agudos, la clave de Fa sirve para indicar tonos más graves. La clave de Fa es este símbolo:

En un principio, las claves de Fa eran varias. Al igual que la clave de Sol, la clave de Fa se dibujaba más arriba o más abajo del pentagrama, según fuera necesario. Los dos puntos del símbolo indicaban dónde estaba el Fa (en concreto, Fa$_3$ en el IAC). Obviamente, una vez determinado dónde está la nota Fa, podemos averiguar cuáles son las demás notas con solo contar en sentido ascendente y descendente con nuestra escala musical.

La clave de Fa que se utiliza hoy en día es la que asigna la nota Fa a la 4.ª línea del pentagrama.

En consecuencia, las notas del pentagrama pasan a denominarse así:

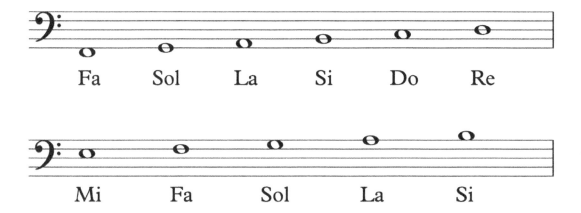

Los consejos para leer la clave de Sol con mayor rapidez se aplican igualmente a la clave de Fa. Estas notas conforman la frase FAtima LAgrimea los DOmingos en MIsa:

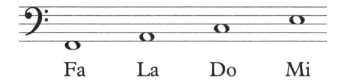

Las notas en las líneas son Sol, Si, Re, Fa y La, que tal vez puedas recordar mejor mediante la frase: El SOL SIempre REina FAntástico al LAbrar.

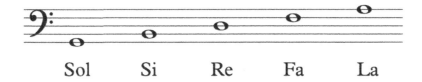

Más allá, es solo cuestión de práctica. Este es un ejemplo de melodía en clave de Fa, inicialmente compuesta para violonchelo. ¿Puedes decir el nombre de todas las notas?

Ejemplo de audio 21.1: Schubert. Sinfonía n.º 8, 1.er movimiento

El doble pentagrama: agudos y graves combinados

Como tiene tantas teclas, el piano requiere dos pentagramas. El de abajo lleva la clave de Fa y se toca con la mano izquierda, y el de arriba, la clave de Sol, y se toca con la mano derecha. En notación musical, los pentagramas se unen con una llave para formar un doble pentagrama.

Otros instrumentos que utilizan un doble pentagrama son otros instrumentos de tecla (como el órgano, la celesta y el acordeón) y el arpa.

Estas son todas las notas del pentagrama, de grave a agudo. La nota del medio se conoce como «Do central». Tanto si se toca desde la clave de fa como desde la clave de sol, es el mismo sonido exacto.

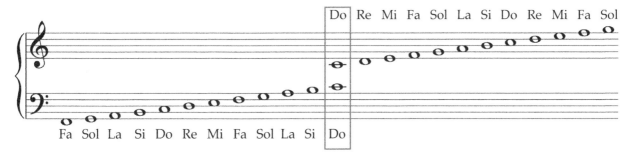

91

Resumen rápido del día 21

Término en esta lección

- **Doble pentagrama:** dos pentagramas unidos por una llave, utilizado en instrumentos que abarcan una amplia gama de notas de grave a agudo.

Resumen de la lección

- La clave de Fa se utiliza para los instrumentos más graves. Especifica que la 4.ª línea del pentagrama es la nota Fa.

Símbolos en esta lección

- La clave de Fa y sus notas:

Fa   Sol   La   Si   Do   Re   Mi   Fa   Sol   La   Si

Ejercicios para el día 21

1. Escribe el nombre de estas notas:

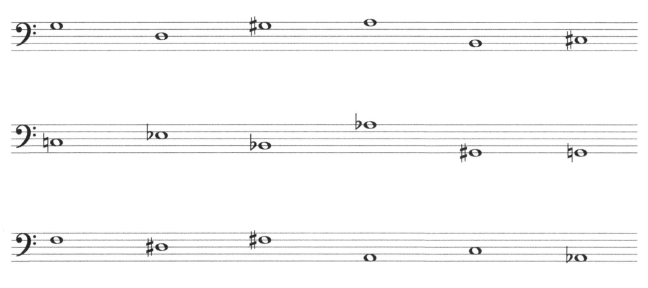

2. En un pentagrama vacío, dibuja una clave de Fa y luego escribe las siguientes notas (en la octava que prefieras):

a. Si bemol
b. Sol
c. Si natural
d. Do sostenido
e. La bemol

f. Re
g. Mi
h. Fa sostenido
i. La

Día 22
Las claves de Do

Como ya estamos familiarizados con las claves más comunes, en la breve lección de hoy examinaremos dos «claves de Do». También se siguen utilizando hoy en día, pero no son tan habituales como las claves de Sol y de Fa.

 La clave de Do es este símbolo de la izquierda y, como su nombre indica, señala dónde se halla la nota Do (en concreto, el Do_4, también conocido como Do central, porque se sitúa en el centro del pentagrama). Cuando la clave de Do se coloca marcando el Do en la línea central, se denomina «clave de Do en 3.ª». Los instrumentos que utilizan esta clave son la viola y el trombón.

Como hemos visto, una vez asignada una nota en el pentagrama, podemos determinar las demás con solo contar hacia arriba y hacia abajo en la escala musical (y luego, por pura práctica).

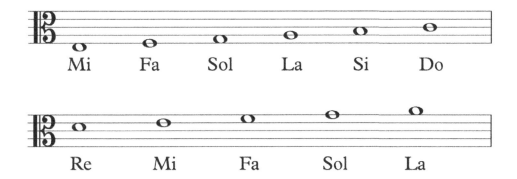

Cuando la clave de Do se coloca marcando el Do en la 4.ª línea, se denomina «clave de Do en 4.ª». Esta clave se utiliza sobre todo para las notas más altas del fagot, el trombón y el violonchelo. Con ella, las notas del pentagrama pasan a denominarse como sigue:

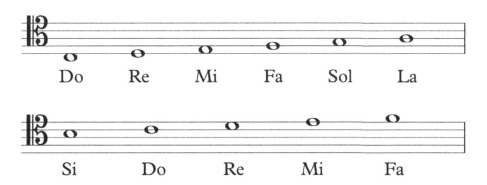

Resumen rápido del día 22

Término en esta lección

- **Claves de Do:** claves que indican dónde se sitúa la nota Do, en concreto, el Do$_4$, en el pentagrama.

Resumen de la lección

- La clave de Do en 3.ª indica que la línea central del pentagrama es un Do.
- La clave de Do en 4.ª indica que la 4.ª línea del pentagrama es un Do.

Símbolos en esta lección

- La clave de Do en 3.ª y sus notas

Mi Fa Sol La Si Do Re Mi Fa Sol La

- La clave de Do en 4.ª y sus notas:

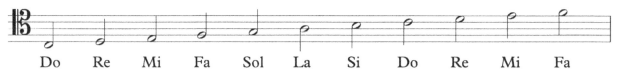

Do Re Mi Fa Sol La Si Do Re Mi Fa

Ejercicios para el día 22

1. Nombra estas notas en clave de Do en 3.ª:

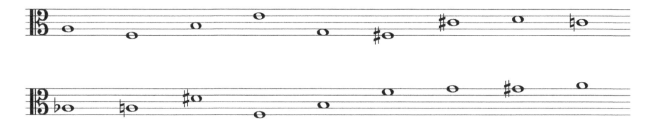

2. Nombra estas notas en clave de Do en 4.ª:

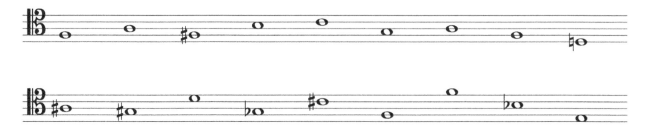

Día 23
Cómo leer y escribir partituras

Ahora que hemos visto los fundamentos del ritmo, la afinación y la notación musical, vamos a analizar las partituras en su conjunto.

¿Qué es una partitura musical?

Una partitura es el documento en el que se escribe toda la música de todos los instrumento de una composición, para que pueda verse cómo interactúan todos entre sí. Una buena partitura debe mostrar qué hace cada instrumento en cada momento de una pieza musical.

Por otra parte, tenemos el término partichela, del italiano «particella», que hace también referencia a una partitura, más exactamente, a la parte de un instrumento. Por ejemplo, en una composición para orquesta, el director sigue la partitura completa, mientras que los violinistas leen solo la parte del violín; tocan la partichela de su instrumento.

Anatomía de una partitura

Las partituras suelen incluir 1) una portada con información básica, como el título y el compositor o autor; 2) una portadilla con las explicaciones necesarias; 3) la propia composición musical.

1. La portada

La portada incluye el título de la composición, el subtítulo (si lo hay), la dedicatoria de la obra (si la hay), el nombre del compositor o autor, el nombre del arreglista (si lo hay), el nombre del letrista (si lo hay) y una nota sobre los instrumentos a los que corresponde la composición.

A la derecha se muestra el ejemplo de un arreglo para orquesta de *The Entertainer* de Joplin. Incluye el título: «The Entertainer», el subtítulo: «A Rag Time Two Step», la instrumentación: «for Orchestra», el nombre del compositor: «by Scott Joplin», el nombre del arreglista: «Arr: Richard W. Sargeant, Jr.» y un aviso de copyright en la parte inferior.

2. La portadilla

Esta página comprende cualquier instrucción especial (como símbolos no habituales) necesaria para entender la composición. En una partitura orquestal, suele aparecer una lista detallada de los instrumentos requeridos, incluidos los de percusión (ya que pueden variar mucho de una pieza a otra). A veces, el aviso de copyright aparece junto al nombre de la editorial, pero también puede aparecer en cualquier otro lugar de la partitura.

3. La composición musical propiamente dicha

Más allá de las portadas, es hora de analizar la música en sí. La primera página de la composición musical es tradicionalmente una página derecha, a la que se le asigna el n.º 1. Por lo general, repite el título y el subtítulo de la pieza antes de presentar los primeros compases de la composición.

Leer un sistema

Independientemente de que la música sea para dos, cinco o veinte instrumentos, a cada instrumento distinto se le asigna al menos un pentagrama y todos deben presentarse juntos en la página. Un grupo de pentagramas formado por partes musicales que se interpretan a la vez se conoce como «sistema». Esta es la primera página de la 1.ª sinfonía de Joseph Haydn.

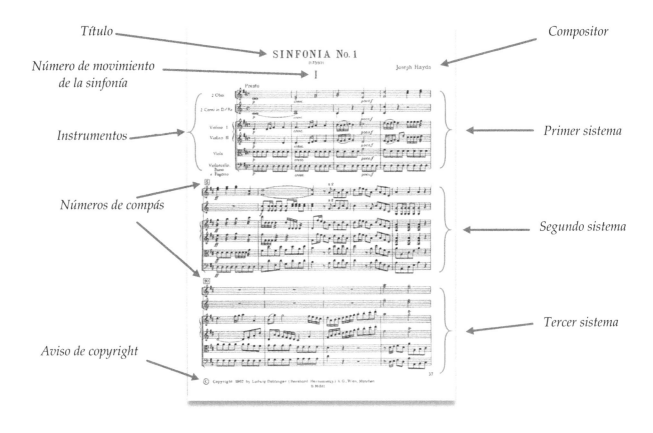

Observa también que el primer sistema del ejemplo anterior está sangrado para que quepan los nombres de los instrumentos. Los sistemas posteriores ya no se sangran porque los nombres de los instrumentos se abrevian u omiten sin más.

Como ya hemos visto, una partitura avanza sobre un continuo temporal (ritmo) y en sentido ascendente/descendente en el pentagrama (tono). Obviamente, todos los pentagramas de un sistema avanzan juntos en el plano temporal.

Los pentagramas que corresponden a un mismo instrumento se agrupan con una llave para conectarlos visualmente. El piano es un buen ejemplo de ello. Como vimos el día 21, utiliza dos pentagramas: uno para la clave de Fa y otro para la clave de Sol (los cuales, combinados, conforman un doble pentagrama).

La música escrita debe ser clara: seis consejos que puedes seguir

Como se ha repetido varias veces en este libro, el propósito de la notación musical es comunicar ideas musicales. La función de una partitura es presentar esa notación de la forma más clara posible. Hay seis consejos que te ayudarán a alcanzar este fin. Estas indicaciones son importantes, tanto si quieres leer partituras como componer las tuyas propias.

1. La regla de la plica

La regla de la plica hace referencia a la dirección que sigue la plica de una figura musical. Para escribir música con claridad, la regla establece que, cuando la cabeza de la figura ocupa la línea central del pentagrama o una posición superior, la plica apunta hacia abajo, y que, cuando la cabeza de la figura queda por debajo de la línea central, la plica apunta hacia arriba:

Esta regla contribuye a facilitar la lectura musical porque de este modo, como muestran los ejemplos de esta página, la mayoría de las plicas no salen del pentagrama. Quizás lo más importante sea que las figuras del doble pentagrama no choquen entre sí:

Sin embargo, esta regla se ignora si ello significa que la partitura se ve más clara y ordenada. En este ejemplo de la derecha, las dos últimas notas (un Si y un Do) tienen la plica hacia arriba porque forman parte de un grupo más amplio de figuras barradas.

2. Varias voces en un mismo pentagrama

La regla de la plica también se ignora cuando un pentagrama se utiliza para representar dos voces separadas (también conocidas como «partes»). El término «voces» hace aquí referencia a líneas musicales distintas e individuales; no significa necesariamente que se canten. Tampoco significa que sean dos instrumentos diferentes los que interpreten las líneas, aunque siempre es posible. En este ejemplo de J.S. Bach, una misma guitarra toca las dos líneas:

Bach: Minueto 1 de la Suite para laúd n.º 4, BWV 1006a

Fíjate en que todas las plicas de la 1.ª voz apuntan hacia arriba y las de la 2.ª voz, hacia abajo. De este modo, se consigue que cada una de las voces se diferencie claramente en todo momento. La alternativa, que sigue la regla de la plica, apenas resulta legible:

En una partitura orquestal, dos instrumentos iguales suelen compartir un mismo pentagrama. Muchas sinfonías, por ejemplo, requieren dos flautas (denominadas «flauta 1» y «flauta 2»), que suelen compartir un mismo pentagrama de la partitura. La parte superior corresponde a la 1.ª flauta, mientras que la inferior pertenece a la 2.ª. Sin embargo, si la música es más compleja, se registra en pentagramas separados.

En este extracto de los últimos 8 compases de la sinfonía de Bizet, las dos flautas comparten el pentagrama. La 1.ª flauta toca la nota superior, mientra que la 2.ª toca la nota inferior. Cuando solo hay una nota, la tocan ambas flautas (salvo que se indique lo contrario).

3. Representar silencios en el pentagrama

También es importante aprender cómo se escriben los silencios en el pentagrama. Como muestra el esquema siguiente, el silencio de redonda cuelga de la 4.ª línea, mientras que el silencio de blanca descansa sobre la 3.ª línea y los demás se trazan más o menos en el centro del pentagrama. *Ten en cuenta que las líneas del pentagrama se cuentan de abajo arriba: la línea más baja es la 1.ª y la más alta, la 5.ª.*

Silencio de redonda	Silencio de blanca	Silencio de negra	Silencio de corchea	Silencio de semicorchea

4. Partituras vocales

Los símbolos e instrucciones correspondientes a la parte vocal se sitúan sobre las notas y no debajo, como en las partes instrumentales. La razón es muy sencilla: el espacio bajo las notas se reserva para la letra. Este ejemplo concreto es del compositor alemán Hugo Wolf. «Lebhafter» significa en alemán «animado», mientras que «zurückhaltend» indica «retenido».
La tercera y última parte de este libro estará dedicada a este tipo de expresiones musicales.

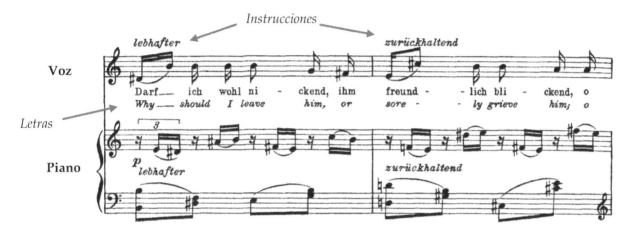

5. Alteraciones

Las alteraciones van a la izquierda de la nota, en paralelo a su cabeza. Los sostenidos, bemoles y becuadros permanecen vigentes durante todo el compás (en el que aparecen por primera vez) o hasta que los reemplaza otra alteración de la misma nota.

El primer Sol que vemos aquí lleva un sostenido y, en consecuencia, el segundo Sol también es sostenido.

En este ejemplo, sin embargo, el segundo Sol es ahora natural.

6. Líneas de octava alta y octava baja

El día 19 vimos que las líneas adicionales nos permiten incluir notas que sobresalen del pentagrama por su parte superior o inferior. Sin embargo, para evitar un exceso de líneas adicionales, también tenemos las líneas 8ᵛᵃ (pronunciado «ottava alta») y 8ᵛᵇ (pronunciado «ottava bassa»).

«Ottava alta» significa en italiano «octava alta», mientras que «ottava bassa» significa «octava baja». La música escrita bajo la línea 8ᵛᵃ se interpreta en una octava superior.

La música escrita sobre la línea 8ᵛᵇ se interpreta en una octava inferior. Como demuestran los ejemplos, estos signos evitan tener que usar líneas adicionales, bastante más difíciles de leer.

Resumen rápido del día 23

Términos en esta lección

- **Partichela:** notación musical manuscrita o impresa para uno o más instrumentos.
- **Partitura musical:** documento manuscrito o impreso que contiene la composición con todos los instrumentos y las instrucciones necesarias para interpretarla.
- **Voz musical o parte:** cualquier línea musical diferenciada, ya se cante o se interprete instrumentalmente.

Resumen de la lección

- Salvo que haya dos o más voces en un mismo pentagrama, la plica de una figura apunta hacia abajo si la cabeza ocupa la línea central del pentagrama o una posición superior; la plica apunta hacia arriba si la cabeza queda por debajo de la línea central.
- El símbolo del silencio de redonda cuelga de la 4.ª línea del pentagrama, mientras que el silencio de blanca descansa sobre la 3.ª línea; todos los demás silencios se trazan más o menos en el centro del pentagrama.
- En las partituras vocales, la letra va debajo de la notación, mientras que las instrucciones de interpretación van encima.
- Las alteraciones se escriben a la izquierda de la cabeza de la nota y afectan a todo el resto del compás.
- Las notas debajo de la línea 8ᵛᵃ se tocan una octava más alta; las que están sobre la línea 8ᵛᵇ se tocan una octava más baja.

Ejercicios para el día 23

1. Convierte estas redondas en blancas añadiéndoles una plica. Recuerda trazar la plica en la dirección correcta.

2. Marca con un círculo las plicas que estén mal orientadas.

Parte 3
Cómo funciona la expresión musical

Aparte del ritmo y la afinación, que ya hemos visto en las partes 1 y 2, los compositores añaden marcas, símbolos e instrucciones adicionales a su partitura para indicar del modo más claro posible cómo hay que interpretarlas.

El extracto siguiente, por ejemplo, contiene muchos detalles, términos y símbolos que ayudan a los músicos a dar vida a la notación. Al final de esta sección, estarás en condiciones de reconocer qué significan cada una de estas marcas y muchas otras similares.

Ejemplo de audio 24.1: Beethoven: Sonata para piano n.º 32, 1.ᵉʳ movimiento, compases 1, 2

Esta sección consta de 6 lecciones y un test final:

- **Día 24**: Dinámica: intensidad con la que debe tocarse una nota.
- **Día 25**: Articulación: instrucciones sobre cómo deben sonar las notas.
- **Día 26**: Tempo: diversos efectos sobre la velocidad de la música.
- **Día 27**: Varios tipos de líneas divisorias y signos de repetición.
- **Día 28**: Marcas de expresión, términos y símbolos específicos de un instrumento.
- **Día 29**: Adornos musicales: florituras melódicas rápidas representadas por símbolos particulares.

Día 24
Dinámica

La dinámica consiste en símbolos que indican la intensidad con la que debe tocarse una nota.

El término específico para «fuerte» es la palabra italiana «forte» y su símbolo es:

El término específico para «débil» o «flojo» es la palabra italiana «piano» y su símbolo es:

Las marcas de dinámica se sitúan justo debajo de una nota. Observa los signos «forte» y «piano»:

Ejemplo de audio 24.2: Vivaldi: Primavera, 1.ᵉʳ movimiento

Además de estos dos, existen otros símbolos que indican matices más específicos de intensidad. Como puedes ver en la tabla de la derecha, añadir más signos de «piano» denota una dinámica más débil, mientras que más signos de «forte» intensifican la dinámica.

También existen dos niveles de dinámica intermedios: «mezzo piano», que significa moderadamente débil, y «mezzo forte», que significa moderadamente fuerte.

Término musical	Significado	Símbolo
Pianississimo	Muy muy débil	*ppp*
Pianissimo	Muy débil	*pp*
Piano	Débil	*p*
Piano mezzo	Moderadamente débil	*mp*
Mezzo forte	Moderadamente fuerte	*mf*
Forte	Fuerte	*f*
Fortissimo	Muy fuerte	*ff*
Fortississimo	Muy muy fuerte	*fff*

Ejemplo de audio 24.3: Medtner: 4 cuentos, Op. 26, Allegretto frescamente

A veces se necesitan dinámicas más extremas, que se señalan añadiendo más **p** para atenuar más el volumen y más **f** para intensificarlo. Hay que tener en cuenta que estos símbolos de dinámica no son medidas específicas de volumen, puesto que dependen del contexto, p. ej., de la instrumentación y el alcance.

De hecho, la dinámica no es solo cuestión de volumen. Si un instrumento se toca con intensidad o con suavidad, cambian las cualidades de su sonido. Míralo como sigue: si grabamos una flauta tocando «forte» y luego reproducimos esa grabación a bajo volumen, el timbre del instrumento no se suaviza. Las cualidades del sonido instrumental siguen siendo las propias del estilo «forte», solo que se reproducen a menor volumen.

Cambios progresivos

Además de «piano» y «forte», también existen símbolos para indicar al intérprete que la música debe aumentar o disminuir su intensidad progresivamente. El término musical para «aumentar progresivamente el volumen» es la palabra italiana «crescendo». A menudo se abrevia simplemente como «cresc.»:

Ejemplo de audio 24.4: Clementi: Sonatina n.º 1, Op. 46, compases 28-31

O puede sustituirse por completo por este símbolo llamado regulador:

Cada vez un poco más fuerte

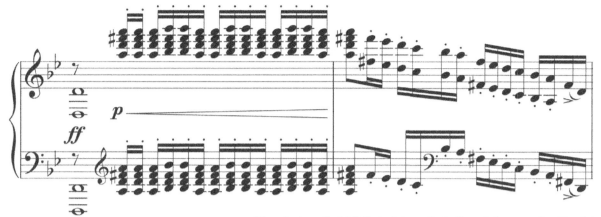

Ejemplo de audio 24.5: Rajmáninov: Preludio en Sol menor, Op. 23 n.º 5

El término para disminuir progresivamente el volumen es la palabra italiana «diminuendo», a menudo abreviada como «dim.».

Ejemplo de audio 24.6 Händel: «Largo» de Xerxes, compases 7-10

El término «dim.» también puede sustituirse por el regulador en sentido contrario:

Cada vez un poco más débil

Ejemplo de audio 24.7: Poulenc: Suite para piano, FP 19

Otra forma de decir «diminuendo» es «decrescendo» y su abreviatura es «decresc.».

Ejemplo de audio 24.8: Beethoven: Sonata para piano n.º 22, 2.º movimiento, compases 16-18

A veces, la palabra «crescendo» se extiende a lo largo de varios compases para prolongar su efecto. Fíjate en la línea discontinua que conecta las distintas sílabas de la palabra:

Ejemplo de audio 24.9: Reger: Suite para violonchelo n.º 1 en Sol mayor, Op. 131c, preludio

A los crescendos y diminuendos se les pueden añadir las palabras italianas «poco» y «molto» (mucho) para especificar mejor el nivel de variación. En el siguiente ejemplo, tenemos «poco cresc.» que significa subiendo un poco de volumen, y luego «cresc. molto», que significa «subiendo mucho de volumen».

Ejemplo de audio 24.10 Bartok: Bagatela n.º 4, Op. 6, compases 6-9

Cambios repentinos

Los cambios de dinámica no siempre son progresivos. Los compositores también suelen requerir cambios bruscos y repentinos. Una de las formas más sencillas de indicar un cambio brusco de dinámica es añadir la palabra «subito» (abreviada simplemente como «sub.») a los símbolos de dinámica habituales. «Subito» significa «de repente» en italiano. En este ejemplo tenemos un «subito piano», que significa «de repente débil».

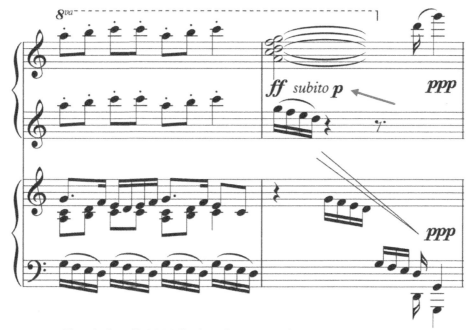

Ejemplo de audio 24.11: Poulenc: Sonata para piano a cuatro manos, 2.º movimiento, compases finales

Cuando una nota o un grupo de notas deben tocarse fuertes, seguidas de inmediato por otras más débiles, aparece la indicación «forte piano», que significa «fuerte y, de inmediato, débil». Su símbolo es *«fp»*:

Ejemplo de audio 24.12: Mozart: Fantasía n.º 4 en Do menor, K. 475, compases 7-9

Para enfatizar una nota concreta (o varias), tenemos la marca «sforzando». Este término italiano significa «con fuerza» y su símbolo es *«sfz»*. Los términos «sforzato» (*«sf»*) y «forzando» (*«fz»*) son alternativas habituales que indican el mismo efecto.

Ejemplo de audio 24.13: Mendelssohn: Romanzas sin palabras, Op. 19, N.º 6

Resumen rápido del día 24

Término de dinámica	Significado	Símbolo
Pianississimo	Muy muy débil	*ppp*
Pianissimo	Muy débil	*pp*
Piano	Débil	*p*
Piano mezzo	Moderadamente débil	*mp*
Mezzo forte	Moderadamente fuerte	*mf*
Forte	Fuerte	*f*
Fortissimo	Muy fuerte	*ff*
Fortississimo	Muy muy fuerte	*fff*

Cambios progresivos	Significado	Símbolo
Crescendo	Progresivamente más fuerte	
Diminuendo	Progresivamente más débil	

Cambios repentinos	Significado	Símbolo
Forte piano	Fuerte y, de inmediato, débil	*fp*
Sforzando	Énfasis repentino	*sfz*
Subito piano	Débil de inmediato	*sub p*

Ejercicios para el día 24

1. ¿Cuál de estas cuatro dinámicas indica un mayor volumen? *ff* *mp* *pp* *f*

2. ¿Cuál de estas cuatro dinámicas indica un menor volumen? *mf* *p* *fff* *f*

3. ¿Cuál de estos signos indica moderadamente fuerte? *p* *mf* *f* *mp*

4. ¿Qué indica este signo? ———————— _____

5. ¿Qué significa «diminuendo»? _____

6. ¿Cuál es el símbolo de «piano forte»? _____

7. ¿Qué indica este símbolo? *sfz* _____

🎧 Experiencia de escucha: **¿De qué dinámica se trata?**

En esta experiencia de escucha, dispones de cuatro extractos musicales con marcas de dinámica ausentes. Tu tarea será escuchar el audio y añadir todos los detalles de dinámica que detectes.

1.

Ejemplo de audio 24.14

2.

Ejemplo de audio 24.15

3.

Ejemplo de audio 24.16

4.

Ejemplo de audio 24.17

Día 25

Articulación

Como músicos, podemos tocar notas con una amplia variedad de sonidos. Además de fuertes y débiles, las notas pueden tocarse de forma correlativa, separadas, ligeramente acentuadas, muy acentuadas, etc. En otras palabras, podemos articular las notas de diferentes maneras, utilizando diversas técnicas instrumentales. Sin embargo, en lugar de instrucciones sobre cómo respirar, pulsar una tecla o arquear una cuerda para cada nota escrita, tenemos marcas de articulación que indican cómo debe sonar esa nota. La ejecución técnica se deja en manos del músico.

Lo anterior no significa que los pormenores técnicos no se incluyan en la notación musical. Por el contrario, a menudo son muy necesarios. Sin embargo, en la lección de hoy, nos adentraremos en las características auditivas generales de las marcas de articulación más frecuentes e importantes, que constituyen la base de la expresión musical.

Legato

«Legato» significa que las notas deben tocarse con la mayor fluidez y conexión posible entre sí. La idea es evitar cortes de sonido entre las notas. Con los instrumentos de viento y la voz, el legato se consigue interpretando dos o más notas en una misma respiración. El flujo constante de aire garantiza que el sonido no se interrumpa entre una nota y otra. En el caso de los instrumentos de cuerda frotada, como el violín y el violonchelo, las notas se tocan con un mismo movimiento continuo del arco.

El legato se indica en la partitura con una línea arqueada, que conecta dos o más cabezas de nota:

En este ejemplo, observa la variedad de marcas de legato para violín:

Ejemplo de audio 25.1: Vieuxtemps: Concierto para violín n.º 6, 2.º movimiento: Pastoral

110

ⓘ Consejo profesional: Ligadura y legato

¿Cuál es la diferencia entre ligadura y legato? Esta pregunta surge porque la ligadura y el legato utilizan prácticamente el mismo símbolo. La diferencia es muy sencilla: las ligaduras unen figuras con una misma nota en una misma octava (el mismo tono exacto), mientras que el legato abarca dos o más notas diferentes. En lo que respecta al sonido, en la ligadura no hay cambio de tono, mientras que en el legato sí.

Ligadura

Legato

Para experimentar el legato en persona, prueba a cantar, tararear o silbar dos notas diferentes en una sola respiración.

Staccato

«Staccato» significa que las notas no están conectadas, sino separadas unas de otras. Para conseguir este efecto, el intérprete acorta la nota, normalmente a la mitad de su duración original. El símbolo de staccato es un punto encima o debajo de la cabeza de la nota.

Ejemplo de audio 25.2: Prokofiev: Pedro y el Lobo, Tema del gato

Para experimentar el staccato en persona, prueba a cantar o silbar dos notas cualesquiera en dos respiraciones diferentes. Las distintas respiraciones crean una separación natural entre las notas, desconectándolas unas de otras.

Staccatissimo

El término «staccattissimo» es el superlativo italiano de staccato, lo que significa que las notas se separan y acortan aún más que con el staccato normal. El símbolo, como se muestra a la derecha, es como una punta de flecha.

111

Ejemplo de audio 25.3: Schubert: Winterreise, Op. 89, III 'Gefrorne Tränen'

Marcato

El término «marcato» significa «marcado» en italiano. En música, indica que una nota se acentúa para que suene más fuerte que las demás. El énfasis exacto que se da a una nota depende del contexto particular y de las decisiones musicales del intérprete. Sin embargo, existen dos tipos de signos de marcato para conseguir distintos niveles de énfasis.

El marcato estándar suele denominarse «acento» y se representa con una cuña horizontal cerca de la cabeza de la nota:

Ejemplo de audio 25.4: Scriabin: Sonata n.º 1 en Fa menor, Op. 6, 1er movimiento

El otro es una cuña vertical y se conoce como «marcato» propiamente dicho o «martellato», que en italiano significa «martillado». Este signo indica un énfasis más intenso y se sitúa sobre las notas, independientemente de la dirección de la plica.

Ejemplo de audio 25.5: Schumann: Álbum de la Juventud, Op. 68, Knight Rupert

Tenuto

La marca de «tenuto» es como un guion situado encima o debajo de la cabeza de la nota. Probablemente debido a su larga historia de uso, el tenuto sea una de las marcas de articulación menos sencillas de todo nuestro sistema de notación musical. La palabra italiana en sí significa «mantenido» y, por ello, suele definirse como una indicación de mantener la nota durante toda su duración.

No obstante, el uso real por parte de los compositores demuestra que su interpretación depende del contexto. Existen dos interpretaciones habituales para el tenuto. La primera consiste en darle a la nota un ligero acento, mientras que en la otra se prolonga la duración de la figura un poco más allá del valor teórico.

En otras palabras, la marca de tenuto indica un énfasis, ya sea a través de un leve acento dinámico o de una pequeña prolongación rítmica (y a veces, un poco de ambos).

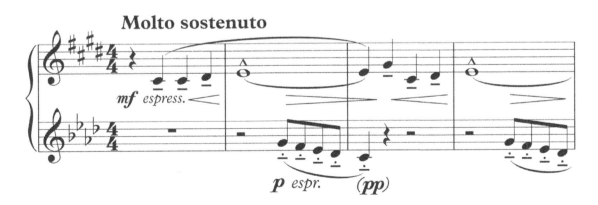

Ejemplo de audio 25.6: Bartok: Bagatela n.º 1, Op. 6

Una alternativa a la marca de tenuto es la propia palabra «tenuto», normalmente abreviada como «ten.».

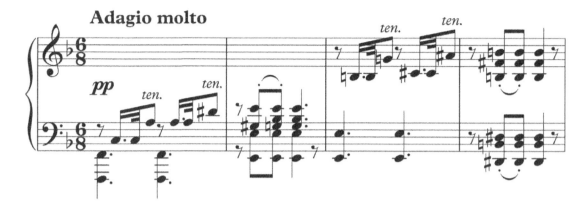

Ejemplo de audio 25.7: Beethoven: Sonata para piano n.º 21 'Waldstein', 2.º movimiento, compases 1 - 4

Portato

El «portato», también conocido como «no legato», es una articulación interesante que se sitúa a medio camino entre el staccato y el legato. En el portato, las notas se conectan y se tocan con fluidez, pero también se pronuncian ligeramente de forma individual. El efecto es que la música fluye suavemente, con una especie de suave pulsación en cada nota. La notación del portato combina el punto del staccato con la línea arqueada del legato:

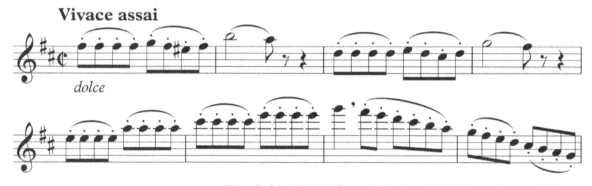

Ejemplo de audio 25.8: Drouet: Estudio n.º 16 de 72 estudios para flauta Boehm

Para experimentar el portato en persona, canta un grupo de tres a cinco notas en una sola respiración (igual que con el legato) e intenta acentuar cada nota suavemente (un poco al estilo del staccato).

Glissando

Glissando es una instrucción que insta a deslizarse de una nota a otra. Al tocar dos notas cualesquiera, un músico suele pasar de una a la siguiente sin producir sonidos intermedios.

Sin embargo, con el glissando, las notas intermedias se emiten intencionadamente. El efecto es una sucesión continua de tonos adyacentes.

El símbolo del glissando es una línea con la abreviatura «gliss». Puede ir en cualquier dirección, ascendente o descendente.

El efecto «glissando» es propio del arpa, en la que es natural rozar las cuerdas a lo largo de un movimiento continuo. Este ejemplo es de los últimos compases del movimiento final de la obra de Ravel *Suite Ma Mère l'Oye*. En ella aparece el arpa, que recorre las cuerdas con rápidos glissandos ascendentes y descendentes. Las letras «gliss.» no siempre se anotan, pero el glissando queda implícito con una línea entre las cabezas de las notas. Fíjate en que a menudo se combina con la línea arqueada del legato.

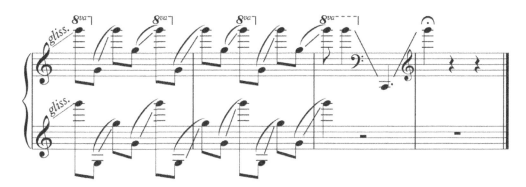

Ejemplo de audio 25.9: Ravel: Le Jardin Féérique de la suite Ma Mère l'Oye, compases finales

Uno de los glissandos más populares es el compás inicial de la *Rapsodia en azul* de Gershwin. Se anota como grupillo de 17 notas rápidas en una sola respiración.

Ejemplo de audio 25.10: Gershwin: Rapsodia en azul

Con los instrumentos de metal, en particular, es posible ejecutar varios glissandos diferentes, en concreto, el «glissando de válvulas», el «glissando labial» y el «glissando de deslizamiento», todos los cuales crean una rápida sucesión de tonos adyacentes.

Resumen rápido del día 25

Término	Significado	Símbolo
Legato	Con fluidez y conexión	
Staccato	Independiente y separado	
Staccatissimo	Muy separado, desconectado	
Acento	Un poco más fuerte	
Marcato	Acento mayor	
Tenuto	Énfasis en el ritmo o la dinámica	
Glissando	Deslizamiento entre las notas	gliss.

Ejercicios para el día 25

1. Marca estas notas como staccato:

3. Marca estas notas con diferentes acentos:

2. Marca estas notas como legato en grupos de dos:

4. Marca estas notas con símbolos de tenuto:

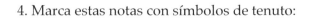

👂 Experiencia de escucha: **¿Qué articulación detectas?**

En esta experiencia de escucha, dispones de cuatro extractos musicales sin marcas de articulación. Tu tarea será escuchar el audio y añadir todos los detalles de articulación que detectes.

1.

Ejemplo de audio 25.11

2.

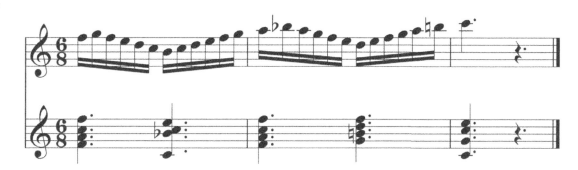

Ejemplo de audio 25.12

3.

Ejemplo de audio 25.13

4.

Ejemplo de audio 25.14

Día 26
Cambios de tempo

«Tempo» es el término musical que designa la velocidad de la música. Como ya hemos comentado, existen cientos de términos diferentes para referirse al tempo en varios idiomas, cada uno de los cuales indica una determinada velocidad musical. El día 3, vimos algunos de los más comunes en italiano:

1. Largo: Muy lento y extenso
2. Adagio: Lento
3. Andante: A paso andante
4. Moderato: Moderadamente
5. Allegro: Animado y rápido
6. Vivace: Muy rápido

Estos términos, y otros similares, se añaden sobre el primer compás de una composición. El ejemplo siguiente está marcado como «allegro molto», que significa «muy animado y rápido».

Ejemplo de audio 26.1: Sibelius: Sonata para piano Op. 12

Marcas de metrónomo

Además de los términos tradicionales, también se puede añadir una marca de metrónomo. La marca consta de dos partes: la unidad de medida del tiempo (es decir, la figura) y los tiempos por minuto. El primer ejemplo siguiente indica que el tempo es de 80 negras por minuto, mientras que el segundo señala que el tempo es de 60 blancas por minuto.

$$\quarternote = 80 \qquad \halfnote = 60$$

En los compases compuestos, el tiempo es una nota con puntillo, por lo que la marca del metrónomo lo indica en consecuencia. Esta marca a la derecha significa que el tempo es de 90 negras con puntillo por minuto.

$$\quarternote. = 90$$

A veces, las marcas de metrónomo se representan con el símbolo «aproximadamente igual a»: ≃ o ≈. La marca de tempo aquí significa que la música debe escucharse a unos 100 tiempos de negra por minuto, dejando cierta libertad al intérprete.

$$\quarternote \approx 100$$

Además, hay una alternativa. La letra «c.» es una abreviatura de la palabra «circa», que significa «aproximadamente».

♩ = c.100

Como se muestra en el ejemplo siguiente, la marca del metrónomo se coloca justo después del tempo.

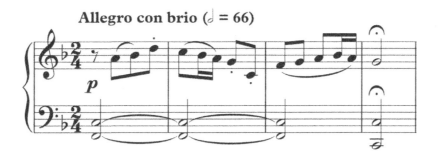

Ejemplo de audio 26.2: Beethoven: 6.ª sinfonía, 1.er movimiento

Cambios de tempo

Una vez establecido el tempo, la música rara vez se mantiene anclada en él. Los cambios de tempo se expresan mediante diversos términos y símbolos.

Para reducirlo, tenemos los términos «ritardando» (abreviado como «rit.» o «ritard.») y «rallentando» (abreviado como «rall.»). Ambos significan «ralentizar» en italiano.

Ejemplo de audio 26.3: Francisco Tárrega, Capricho Árabe, compases 31–35

Puede añadirse una línea discontinua (- - -) al término para indicar exactamente cuánto tiempo debe aplicarse.

rit. _ _ _ _ _ _ _ _ _

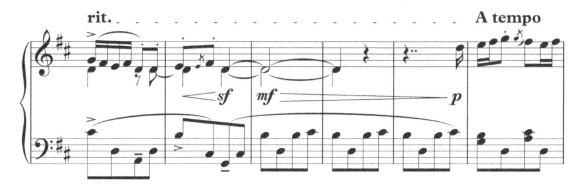

Ejemplo de audio 26.4: Bartok: Sonatina sobre temas populares de Transilvania, SZ55, compases 19-25

Por otra parte el término italiano «accelerando» se utiliza para indicar un aumento de velocidad. Se abrevia como «accel.» y también puede utilizarse con o sin línea de puntos.

Ejemplo de audio 26.3: Francisco Tárrega, Capricho Árabe, compases 31 – 35

Al igual que en la dinámica, a estos términos se les pueden añadir las palabras «molto» y «poco». «Molto» significa «mucho» en italiano, de modo que «molto accel.», por ejemplo, significa «acelerar mucho». La palabra «poco» es idéntica en italiano y español, de modo que «poco rit.», por ejemplo, significa «ralentizar un poco».

Ejemplo de audio 26.5: Fauré: 3 romances sin palabras, Op. 17, compases finales

El regreso al tempo normal después de un cambio breve se señala con la expresión «A Tempo», que en italiano significa «a tiempo». «Tempo Primo» o «Tempo I», que en italiano significa «primer tiempo» o «tiempo anterior», señala el regreso al tempo original tras abandonarlo durante un período más largo:

Ejemplo de audio 26.6: Scriabin: Sonata n.º 3, 4.º movimiento, compases 51-59

Calderones

El calderón, también llamado «fermata», término que significa «parada» en italiano, indica que la nota debe prolongarse más allá de la duración de su figura. Su símbolo es un semicírculo con un punto en su interior. En ocasiones, también se le puede denominar «corona». La duración exacta se deja en manos del intérprete o, en el caso de la música orquestal, del director.

El calderón puede aparecer en cualquier parte de una partitura. Aquí está al principio de la pieza:

Ejemplo de audio 26.7: Schubert, 1.ᵉʳ Impromptu, Op. 90, compases 1-3

Aquí, los calderones están sobre los silencios, de modo que se prolonga la ausencia de sonido.

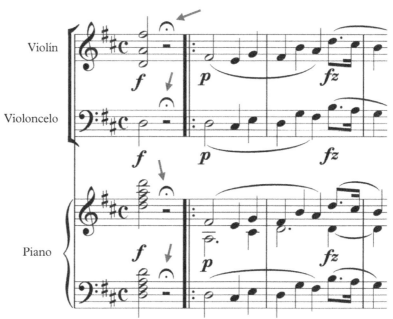

Ejemplo de audio 26.8: Haydn: Trío en Re mayor, Hob. XV:24, 1.ᵉʳ movimiento

Y aquí lo vemos sobre una línea divisoria. Indica que hay que añadir un silencio entre compases:

Ejemplo de audio 26.9: Chaikovski: Suite de la Bella Durmiente, Op. 66, Prólogo, compases 43-45

Cuando la partitura es para varios instrumentos, el signo del calderón es el mismo para todos.

Ejemplo de audio 26.10: Mendelssohn: Dos piezas de concierto para clarinete y clarinete tenor, Op. 113 n.º 1

Y por último, aquí tenemos dos variaciones del signo del calderón. La primera indica una pausa más corta y la segunda, una más larga.

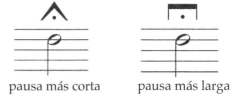

pausa más corta   pausa más larga

Marca de respiración

En el caso de los instrumentos de viento, la marca de respiración es una instrucción para tomar aire. Para otros instrumentos, señala una pausa ligera. Normalmente, no se altera el tempo, pero la última nota antes de la marca se acorta ligeramente para dejar algo de espacio y tiempo para recuperar el aliento. El símbolo de la marca de respiración es como un apóstrofe, que se coloca justo encima de las notas.

Ejemplo de audio 26.11: Debussy: Syrinx, compases 21-27

Resumen rápido del día 26

Término	Significado	Símbolo
Ritardando / rallentando	Ralentizando	**Rit.** o **Rall.**
Accelerando	Acelerando	**Accel.**
A tempo	Regreso al tempo normal después de un cambio	**A tempo**
Tempo primo	Regreso al tempo original	**Tempo I**
Marca de respiración	Tomar aire	❜
Calderón / fermata	Pausa normal (la duración exacta depende del intérprete)	⌢
Calderón largo	Pausa más larga de lo normal	⊓
Calderón corto	Pausa más corta de lo normal	⋀

Ejercicios para el día 26

1. ¿Cuál de estos términos significa «lento» en italiano? *Moderato / Andante / Adagio / Vivace*

2. ¿Cuál de estos términos significa «muy rápido» en italiano? *Moderato / Andante / Adagio / Vivace*

3. ¿Cuál de estos términos significa «a paso andante» en italiano? *Moderato / Andante / Adagio / Vivace*

4. Escribe tres notas, cada una de ellas con un signo de calderón diferente.

5. ¿Qué significa este signo? $\text{♩} = 60$ _____

6. ¿Qué significa «accelerando»? _____

7. ¿Qué significa «A tempo»? _____

🕭 Experiencia de escucha: **¿Qué ha cambiado en el tempo?**

En esta experiencia de escucha, encontrarás un extracto musical interpretado de cuatro formas diferentes, con cambios de tempo. Tu tarea será escuchar el audio y anotar todos los detalles que detectes.

Ejemplo de audio 26.12: Corte original

1.

Ejemplo de audio 26.13

2.

Ejemplo de audio 26.14

3.

Ejemplo de audio 26.15

Notas

_____

_____

_____

_____

_____

_____

_____

_____

Día 27
Líneas divisorias y signos de repetición

Además de la línea divisoria normal, hay otras líneas, términos y signos que sirven para indicar momentos concretos de la composición, así como para repetir una serie de compases.

Líneas divisorias específicas

La doble barra final, que consiste en una línea divisoria seguida de una línea más gruesa, aparece siempre al final del último compás para indicar que la partitura ha llegado a su final. La doble barra indica que se produce un cambio significativo en la composición, por ejemplo, el inicio de una nueva sección.

Doble barra final   Doble barra

Signos de repetición

Para ahorrar espacio y facilitar la lectura, en las partituras se utilizan diversos signos de repetición (los ejemplos incluidos aquí son cortos para mostrar su funcionamiento).

Inicio y fin de repetición

Los compases comprendidos entre el «signo de inicio de repetición» (o «apertura de repetición») y el «signo de fin de repetición» (o «cierre de repetición») se interpretan dos veces. Fíjate en los puntos que acompañan a las líneas:

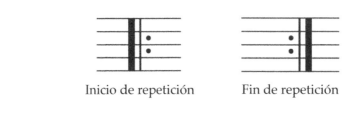

Inicio de repetición   Fin de repetición

Se interpreta 2 veces

Ejemplo de audio 27.1

126

Cuando una sección musical se repite desde el principio, a menudo se omite el primer signo de repetición. En este *Minueto* del joven Mozart se repiten estos cuatro primeros compases.

Ejemplo de audio 27.2: Mozart, Minueto KV1c

Finales alternos

Tras la repetición de un número de compases, a veces se hace referencia a un nuevo final, que se anota con las líneas de «final alterno». El primer final se indica con un corchete con el número «1.», mientras que el segundo final se señala con un corchete con el número «2.». Al repetir, el segundo final sustituye al primero.

Aquí tenemos una demostración breve. En la primera reproducción, la melodía se toca hasta el primer final (compás 5). En este punto, se repite desde el Do (compás 2) y se sustituye el primer final por el segundo.

Ejemplo de audio 27.3

Así es como se escribiría la misma melodía sin marcas de repetición:

Ejemplo de audio 27.3

Otras marcas de repetición

1. Da Capo al Fine

La marca «da capo al fine» indica al músico que regrese al principio y toque hasta el compás marcado como «fine». El término «da capo al fine» significa en italiano «de principio a fin» y suele abreviarse como «D.C. al fine». En el breve ejemplo siguiente, se tocan los ocho compases completos y luego se repiten los cuatro primeros. La música termina en el término «fine».

Ejemplo de audio 27.4

2. Dal Segno al Fine

«Dal segno al fine», que en italiano significa «del signo al final», está relacionado con «da capo al fine», pero en lugar de repetir desde el principio, la instrucción señala que hay que repetir desde el compás marcado con este signo:

El término «dal segno al fine» suele acortarse como «D.S. al fine». En el ejemplo siguiente, la melodía ocupa 16 compases musicales. Una vez tocados los primeros 12, se repiten los compases del 5 al 8, porque el signo está en el compás 5. La melodía termina en la palabra «fine».

Por tanto, los compases se tocan en este orden:

- Del 1 al 12
- Del 5 al 8

Ejemplo de audio 27.5

128

3. Da Capo al Coda

«Da Capo al Coda» (en italiano, «del principio a la cola») indica al músico que regrese al principio y toque hasta el compás con el mensaje «al coda», en italiano, «a la cola». En ese punto, el músico pasa al compás con el mensaje «coda», el término musical que señala la finalización o «cola».

Para facilitar su localización en las partituras, la propia «coda» suele señalizarse con este símbolo:

En el ejemplo siguiente, la melodía ocupa 16 compases. Primero, se toca hasta el término «D.C. al coda» (compás 8). Luego, la música regresa al principio, hasta el término «al coda» (compás 4). A continuación, la melodía pasa al signo de «coda» y se interpreta hasta el final.

Por tanto, los compases se ejecutan en este orden:

- Del 1 al 8
- Del 1 al 4
- Del 9 al 12

Ejemplo de audio 27.6

Resumen rápido del día 27

Término	Significado	Símbolo
Doble barra final	Se añade al final de la partitura	
Doble barra	Indica un cambio significativo en la composición	
Signos de repetición	La música escrita entre signos de repetición se interpreta dos veces	
Finales alternos	Al repetir, se omite la parte marcada como «primer final» y se interpreta la música marcada como «segundo final»	1. 2.
Da capo al fine	Desde el principio hasta el compás marcado como «fine»	*D.C. al fine*
Da capo al segno	Desde el principio hasta el compás marcado con el símbolo «segno»	𝄋
Dal segno al coda	Del símbolo «segno» al símbolo «coda»	𝄋 ⊕

🎧 Experiencia de escucha: ¿Qué se repite?

En esta experiencia auditiva, tu tarea consiste en escuchar el audio y añadir líneas divisorias, barras, signos de repetición o finales alternos según corresponda para que la partitura concuerde con el audio.

Como en todas las experiencias auditivas, no se trata de una examen, sino más bien de un entretenido rompecabezas musical.

1.

Ejemplo de audio 27.7

2.

Ejemplo de audio 27.8

3.

Ejemplo de audio 27.9

Notas

_____

_____

_____

_____

_____

_____

Día 28
Símbolos de instrumentos específicos

Puesto que con los instrumentos musicales pueden utilizarse diferentes técnicas para conseguir efectos musicales distintos, también existen términos y símbolos musicales particulares para cada tipos de instrumento. Aunque queda fuera del alcance de este libro examinar todas las técnicas posibles para cada instrumento, en la lección de hoy veremos los términos y símbolos más habituales para piano, guitarra e instrumentos de cuerda frotada, viento madera y viento metal más conocidos.

En función del objetivo de tus estudios musicales, tal vez creas que solo te interesa conocer la notación de los instrumentos que tocas. Sin embargo, te invito a que leas toda la información de los instrumentos analizados, aunque sea como cultura musical general. Resulta muy interesante escuchar ejemplos de lo que es posible lograr con distintos instrumentos.

Notación musical para piano

El día 21 vimos que la notación para el piano requiere el doble pentagrama, formado por dos pentagramas unidos por una llave. Salvo en contadas excepciones, el pentagrama superior contiene las notas que se tocan con la mano derecha, mientras que el inferior es para las notas que se tocan con la mano izquierda. Además, la notación para piano suele incluir instrucciones sobre los dedos que es mejor utilizar, qué pedales hay que usar y cuándo.

Digitación

En lugar de palabras como «pulgar» o «índice», que ocuparían demasiado espacio en la partitura, los dedos del pianista se indican con números. Y como para tocar se usan los diez dedos, cada uno de ellos tiene un número. Los pulgares son el 1, los índices el 2, los medios el 3, los anulares el 4 y los meñiques el 5.

Dedo	Mano izquierda	Mano derecha
Pulgar	1	1
Índice	2	2
Medio	3	3
Anular	4	4
Meñique	5	5

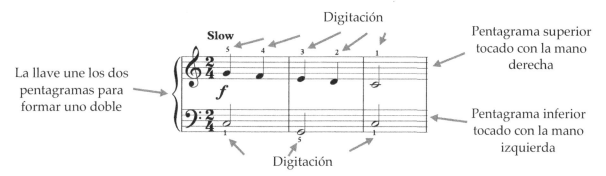

El pedal de resonancia

El pedal de resonancia es, con diferencia, el más utilizado en un piano. En los pianos acústicos, que incluyen dos o tres pedales, el pedal de resonancia es el de la derecha. En los teclados electrónicos, el pedal de resonancia suele ser el único incluido con el instrumento. La función de este pedal es permitir que las notas sigan sonando (resuenen) aun después de soltar las teclas.

Este símbolo: $\mathcal{P}\!e\!\mathfrak{d}$. o $\mathcal{P}$ indica al intérprete que pise el pedal. Este símbolo: ✳, conocido como «soltar pedal» o «levantar pedal», indica al intérprete que lo suba.

Ejemplo de audio 28.1: Rajmáninov - Momentos Musicales Op. 16 n.º 4

Esta línea es una alternativa al símbolo de soltar pedal: ‾‾‾‾‾⋀. La punta marca dónde hay que levantar el pedal y detener la resonancia. Mediante esta alternativa, el ejemplo anterior puede reescribirse así:

A veces, en la partitura se incluye un solo símbolo «ped.» al principio. De este modo, se indica que el compositor desea que se utilice el pedal de resonancia, pero los matices para aplicarlo se dejan a criterio del pianista.

So rasch wie möglich

Schumann: Gran Sonata n.º 2

El pedal izquierdo

El pedal izquierdo es el «unicordio», también conocido como «una corda». Su función consiste en suavizar el timbre general del piano. Aunque los intérpretes emplean este pedal con discreción, su uso también puede especificarse con los términos «una corda» (una cuerda) o «due corde» (dos cuerdas).

Cabe destacar que este pedal desplaza todo el mecanismo percutor del piano para que los martillos internos golpeen una o dos cuerdas en lugar de las tres que corresponden a cada tecla. El resultado es un sonido más uniforme y dulce.

Andantino

Ejemplo de audio 28.2: Saint-Saëns: Acuario de El carnaval de los animales, 1.ᵉʳ piano

La liberación del pedal se marca con el término «tre corde» (tres cuerdas) o «tutte le corde» (todas las cuerdas).

Ejemplo de audio 28.3: Albéniz: Suite española, n.º 4: Cádiz, compases 42-45

El pedal central

El pedal central, ausente en pianos con solo dos pedales, se denomina «sostenuto». El mecanismo del pedal de sostenuto permite al pianista sostener únicamente las notas ya pulsadas al accionar el pedal (a diferencia del pedal de resonancia, que prolonga el sonido de cualquier nota que se toque mientras esté pisado). De este modo, puede sostenerse una nota o acorde mientras los dedos tocan otras notas que no se sostendrán.

Los pianistas suelen emplear este pedal con discreción, pero los compositores pueden especificar su uso con el término «pedal sostenuto» o «ped. sos.». Al igual que el pedal de resonancia, se libera:

1) Cuando aparece el símbolo «soltar pedal»: ✱

2) En la punta de la línea «soltar pedal»: ‾‾‾‾‾⋀

Notación musical para guitarra

Aparte de las marcas de articulación estándar que vimos el día 25, la notación para la guitarra suele incluir indicaciones sobre qué dedos utilizar y qué cuerda tocar, así como varias técnicas particulares de la guitarra.

Digitación

En una guitarra estándar para diestros, los dedos de la mano izquierda pulsan sobre el diapasón mientras la mano derecha puntea o rasguea las cuerdas (en el caso de las guitarras para zurdos, es justo al revés). Los dedos de la mano izquierda se numeran simplemente del 1 al 4: el índice es el 1, el medio es el 2, el anular es el 3 y el meñique es el 4. El pulgar no se numera porque normalmente permanece detrás del mástil para que puedan moverse los demás dedos.

Los dedos de la mano derecha se denominan con sus nombres en español: pulgar, índice, medio, anular y meñique, al que se le suele llamar «chiquito», aunque rara vez se utiliza en la técnica de guitarra habitual. En la notación, los nombres se indican con la letra inicial, por lo que los dedos del guitarrista se expresan como sigue:

Dedo	Mano izquierda	Mano derecha
Pulgar	/	p
Índice	1	i
Medio	2	m
Anular	3	a
Chiquito o meñique	4	c

Además de utilizar los distintos dedos para hacer sonar las cuerdas, las guitarras también se tocan con una púa, también llamada plectro: una pieza plana, normalmente de plástico, ideada para «pulsar» las cuerdas. Existen dos formas generales de hacer sonar una cuerda: el rasgueo hacia arriba, en el que la cuerda se activa con un movimiento ascendente, y el rasgueo hacia abajo, en el que se activa con un movimiento descendente. La dirección del rasgueo suele dejarse a decisión del músico, pero puede especificarse con estos símbolos:

Rasgueo hacia abajo   Rasgueo hacia arriba

Qué cuerda tocar

El diapasón de la guitarra está diseñado de forma tal que, muchas veces, una misma nota puede tocarse en diferentes cuerdas. Aunque sobre el papel parezca lo mismo, existen sutiles diferencias en el sonido de una nota según en qué cuerda se toque.

En la notación para guitarra, las cuerdas se indican con un número rodeado por un círculo: 1 para la cuerda más fina y aguda; 6 para la cuerda más gruesa y grave; y del 2 al 5 para las cuerdas intermedias. Estos números, junto con la digitación, ayudan al guitarrista a colocar la mano sin necesidad de averiguar cómo por su cuenta:

Dos técnicas de guitarra eléctrica fundamentales son el «bending», en la cual se dobla literalmente una cuerda para elevar su tono (cuanto mayor sea el «bend», más subirá el tono); y el «muting», que consiste en apoyar la palma de la mano derecha sobre el extremo de las cuerdas para detener su vibración y así conseguir un sonido particularmente más corto, crudo y percusivo.

Un «bending» de guitarra se indica en notación musical con una línea que sube desde el tono inicial y otra baja hacia el tono de destino. El «muting» se indica con el símbolo «P.M.», abreviatura de «palm muting» (silenciamiento con la palma).

Ejemplo de audio 28.4: Notación de técnicas de guitarra eléctrica

Tablatura de guitarra

La tablatura, abreviada como «tab.», es una forma de anotar la música para guitarra sin adentrarse en las complejidades de la notación estándar. Consta de 6 líneas horizontales que representan cada una de las 6 cuerdas de la guitarra. La línea superior es la primera cuerda (la más fina), mientras que la inferior es la sexta (la más gruesa).

La tablatura se lee de izquierda a derecha, como la notación musical habitual. Los números de las líneas indican al guitarrista qué traste de esa cuerda debe presionar. Así, por ejemplo, el número 2 en la quinta línea significa que hay que apretar el segundo traste de la quinta cuerda.

Solo se tocan las notas que están escritas, por lo que una línea vacía significa que esa cuerda no se utiliza en ese momento. Un número cero significa que una cuerda se toca al aire. Las notas escritas una encima de otra se tocan a la vez (observa también que las letras T-A-B sustituyen a la clave).

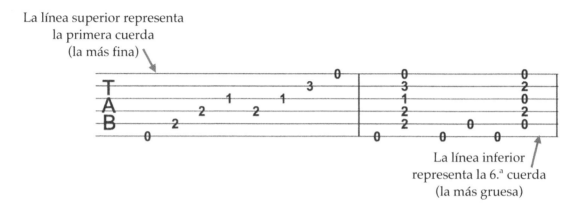

Notación musical para instrumentos de cuerda frotada

Los instrumentos de cuerda frotada son el violín, la viola, el violonchelo y el contrabajo. Como probablemente sabrás, esta familia de instrumentos es el alma de la música orquestal, clásica y cinematográfica. Aparte de las marcas de articulación estándar que vimos el día 25, para los instrumentos de cuerda frotada se utilizan símbolos e instrucciones adicionales para indicar la dirección del arco, qué cuerda tocar, qué dedo de la mano izquierda utilizar y dónde frotar el arco, así como técnicas para producir efectos especiales.

La dirección del arco

Solo hay dos direcciones posibles para el arco: hacia arriba o hacia abajo. Aunque el arco suele dejarse a decisión del intérprete, el compositor, director de orquesta, arreglista u orquestador puede especificarlo con los símbolos de arco hacia arriba y arco hacia abajo, que son exactamente iguales a los símbolos de guitarra para el rasgueo hacia arriba y el rasgueo hacia abajo:

Arco hacia abajo   Arco hacia arriba

Qué cuerda tocar

Al igual que sucede con la guitarra, las notas de los instrumentos de cuerda frotada suelen solaparse, lo que significa que algunas notas pueden tocarse en dos o incluso tres cuerdas. Como hemos dicho, hay sutiles diferencias en el sonido de una nota según en qué cuerda se toque.

Para el violín, las indicaciones «Sul Sol», «Sul Re», «Sul La» y «Sul Mi» especifican qué cuerda tocar. «Sul» significa «sobre el» en italiano, mientras que las notas Sol, Re, La y Mi corresponden a la afinación de las cuerdas, de menor a mayor. Así, por ejemplo, «Sul Sol» es una instrucción para tocar esas notas sobre la cuerda más grave.

Del mismo modo, las cuerdas de la viola se afinan en Do, Sol, Re y La y, por lo tanto, con «Sul Do», «Sul Sol», «Sul Re» y «Sul La» se especifica qué cuerda hay que tocar. El violonchelo se afina exactamente con las mismas notas (Do, Sol, Re y La), pero una octava más grave. Las cuatro cuerdas del contrabajo se afinan con las notas: Mi, La, Re y Sol e, igualmente, con «Sul Mi», «Sul La», «Sul Re» y «Sul Sol» se especifica qué cuerda hay que tocar.

Digitación

Como ya hemos visto con la guitarra y el piano, las digitaciones son unos números que aparecen junto a las notas e indican qué dedo hay que usar para cada una.

En los instrumentos de cuerda frotada, solo se numeran los dedos de la mano izquierda porque son los únicos que están en contacto directo con las cuerdas (la derecha sostiene el arco). El índice es el número 1, el medio es el 2, el anular es el 3 y el meñique es el 4. El pulgar no se numera porque su función es servir de apoyo a los demás dedos por detrás del mástil del instrumento.

Dedo	Mano izquierda
Pulgar	/
Índice	1
Medio	2
Anular	3
Meñique	4

Dónde tocar

Un músico de cuerda puede tocar su instrumento en tres zonas generales:

1. En el diapasón (conocido como «sul tasto»);
2. En el puente o en su cercanía, donde las cuerdas se unen al resto del cuerpo del instrumento (conocido como «sul ponticello»);
3. Y en la zona típica, en un punto intermedio.

Si no se indica nada en la notación, se supone que el músico toca en la zona intermedia. Para tocar en el diapasón (y producir un sonido suave y delicado, diáfano) se añade la instrucción «sul tasto». Para tocar más cerca del puente (y producir un sonido más etéreo, fantasmagórico y a veces rascado), se añade la indicación «sul ponticello».

Pizzicato

Aunque la forma habitual de tocar instrumentos de cuerda frotada es con el arco, también pueden tocarse directamente con los dedos para producir notas breves y percusivas. Este efecto se indica con el término «pizzicato», que en italiano significa «pellizcado» y que se abrevia como «pizz.». El retorno al arco normal se indica con el término «arco».

El pizzicato puede utilizarse con mayor o menor extensión, tanto para una sola nota de un solo instrumento de cuerda como para toda una pieza en todas las cuerdas. El ejemplo siguiente es un uso interesante de esta técnica, en el que aparece la indicación «pizzicato sempre», pellizcado siempre.

Ejemplo de audio 28.5: Chaikovski: Sinfonía n.º 4, 3.ᵉʳ movimiento

Notación musical para instrumentos de viento madera

Los instrumentos de viento madera que forman parte de la orquesta son la flauta, el oboe, el corno inglés, el clarinete y el fagot. Otros instrumentos de viento madera habituales son la flauta dulce, diversos saxofones y la armónica. Los principales recursos para estos instrumentos son las técnicas de articulación que aprendimos el día 25, pero también hay técnicas especializadas. Dos de los más comunes son la percusión de boca y el vibrato. La producción del sonido en estos instrumentos depende sobre todo de la respiración y la lengua, por lo que no es de extrañar que las diferentes técnicas utilicen más que nada estos dos factores.

La percusión de boca, que se consigue haciendo vibrar la punta de la lengua rápidamente (casi como pronunciar «rrrrr rrrr» en la boquilla del instrumento), crea una sucesión de notas. La notación de la técnica consta de dos partes: la indicación «percusión de boca» propiamente dicha y dos o tres barras diagonales sobre la plica de la nota. Las alternativas comunes a la denominación «percusión de boca» son los términos «flutter» (inglés), «Flatterzunge» (alemán, abreviado «flz.») y «frullato» (italiano, abreviado «frull.»).

Ejemplo de audio 28.6: Percusión de boca

El vibrato, del italiano «vibrado», es una indicación para ocasionar que un tono oscile ligeramente en sentido ascendente y descendente. Se utiliza sobre todo para añadir expresividad a las notas más largas. El efecto del vibrato depende de dos factores principales: la rapidez con la que varíe el tono y lo grave o aguda que sea la variación. En notación, el vibrato se indica con el propio término «vibrato» (abreviado como «vib.») o con una línea en zigzag sobre las notas. El término «non vibrato» (o «non vib.») señala el regreso a la normalidad.

En el ejemplo de audio siguiente, se exagera el efecto de vibrato con fines de demostración.

Ejemplo de audio 28.7: Vibrato

Notación musical para instrumentos de viento metal

Los instrumentos de viento metal presentes en la orquesta son la trompeta, el trombón, la trompa y la tuba. Otros instrumentos de viento metal habituales son el bombardino y el fliscorno. Como sucede con los instrumentos de viento madera, los recursos típicos para los músicos de viento metal son las técnicas de articulación que aprendimos el día 25. Sin embargo, las técnicas especializadas más frecuentes son «campana arriba», los «tapados», las «sordinas» y diversos «glissandos».

Como indica la expresión «pabellón arriba», esta técnica consiste en que el instrumentista apunta con el pabellón del instrumento (el orificio por donde sale el sonido) hacia lo alto, normalmente hacia el público. Se consigue un sonido más estridente, apropiado para los momentos álgidos de una pieza. La notación para esta técnica es la expresión «pabellón arriba», o «bells up» en inglés.

El «pabellón tapado» es una técnica para trompa en la que el músico introduce la mano derecha hasta el fondo del pabellón, tapándolo casi por completo. El efecto es un timbre más nasal y distante. La notación para esta técnica es un signo «+» situado sobre la nota; la letra «o» señala el retorno a la interpretación normal.

Ejemplo de audio 28.8: Trompa tapada

Introducir cualquier elemento en un instrumento de viento metal altera significativamente su sonido. A este respecto, existe una gama de dispositivos llamados «sordinas», diseñados para introducirse en el pabellón y lograr un timbre determinado. Las sordinas también tienden a reducir la potencia sonora. Las sordinas más habituales son «straight», «cup», «harmon», «bucket», «plunger» y la de estudio. La notación es simplemente «con», seguido del tipo de la sordina, por ejemplo: «con sordina cup». Si no se especifica, se sobreentiende que se trata de una sordina straight.

Resumen rápido del día 28

Términos para piano	Significado	Símbolo
Pisar el pedal de resonancia	Pisar el pedal derecho	*Ped.*
Soltar el pedal de resonancia	Soltar el pedal derecho	✳ o _____/\
Pisar el pedal una corda	Pisar el pedal izquierdo	**Una corda**
Soltar el pedal una corda	Soltar el pedal izquierdo	**Tre corde**
Pisar el pedal de sostenuto	Pisar el pedal central	**Ped. sos.**
Soltar el pedal de sostenuto	Soltar el pedal central	✳ o _____/\
Términos para guitarra	**Significado**	**Símbolo**
Rasgueo hacia arriba	Tocar con movimiento ascendente	V
Rasgueo hacia abajo	Tocar con movimiento descendente	⊓
Cuerda que tocar	La cuerda exacta que hay que tocar	① ② ③ ④ ⑤ ⑥
Bending	Doblar la cuerda para subir el tono	⌒
Palm muting	Silenciar las cuerdas con la palma de la mano derecha	P.M.-----------|
Términos para cuerda frotada	**Significado**	**Símbolo**
Arco hacia arriba	Frotar el arco en sentido ascendente	V
Arco hacia abajo	Frotar el arco en sentido descendente	⊓
Cuerda que tocar	La cuerda exacta que hay que tocar	**Sul Sol, Sul Re, Sul La,** etc.
Sul tasto	Arco en el diapasón	**Sul tasto**
Sul ponticello	Arco en el puente	**Sul pont.**
Pizzicato	Pellizcado	**Pizz.**
Arco	Arco	**Arco**
Términos para viento madera	**Significado**	**Símbolo**
Percusión de boca	Vibrar la punta de la lengua	**Flz.** o **Frull.**
Vibrato	Oscilar el tono en sentido ascendente y descendente	∿∿∿∿
Términos para viento metal	**Significado**	**Símbolo**
Pabellón arriba	Apuntar el pabellón del instrumento hacia arriba	**Pabellón arriba**
Trompa tapada	Tapar la trompa con la mano	+
Pabellón abierto	Destapar el pabellón	o
Con sordina	Introducir la sordina en el pabellón	**Con sordina**

Ejercicios para el día 28

1. Escribe los símbolos para indicar que el pedal de resonancia del piano debe presionarse al inicio de cada compás y soltarse al final de cada compás.

2. Sin revisar la lección de hoy, anota los símbolos que indican:

    a.   Arco en sentido ascendente en el violín
    b.   Rasgueo hacia abajo en la guitarra
    c.   Trompa tapada
    d.   Un «bending» de guitarra
    e.   Vibrato

3. En un extracto musical para violonchelo, ¿qué significa «Sul Do»?

4. En las partituras, ¿con qué número se indican los pulgares del pianista?

5. ¿Por qué no se numeran los dedos de la mano derecha para los músicos de cuerda frotada?

6. ¿Qué significa el signo «*flz*»?

7. ¿En qué parte de un instrumento de viento metal se introducen las sordinas?

8. ¿Qué significa «pizzicato»?

9. En la música de guitarra, ¿qué significan los números rodeados con un círculo?

10. ¿Cómo indicarías que una melodía debe tocarse en la cuerda más grave del violín?

𝕯 Experiencia de escucha: **¿Hay pedal o no?**

En esta experiencia de escucha, encontrarás tres extractos musicales con dos versiones de cada uno: una con el pedal de resonancia del piano pulsado y otra sin. Tu tarea es escuchar el audio y determinar cuál es cada una. Escribe «sí» si crees que el pedal de resonancia está pulsado o «no» si no lo está. *Sugerencia: Escucha los dos cortes antes de tomar una decisión.*

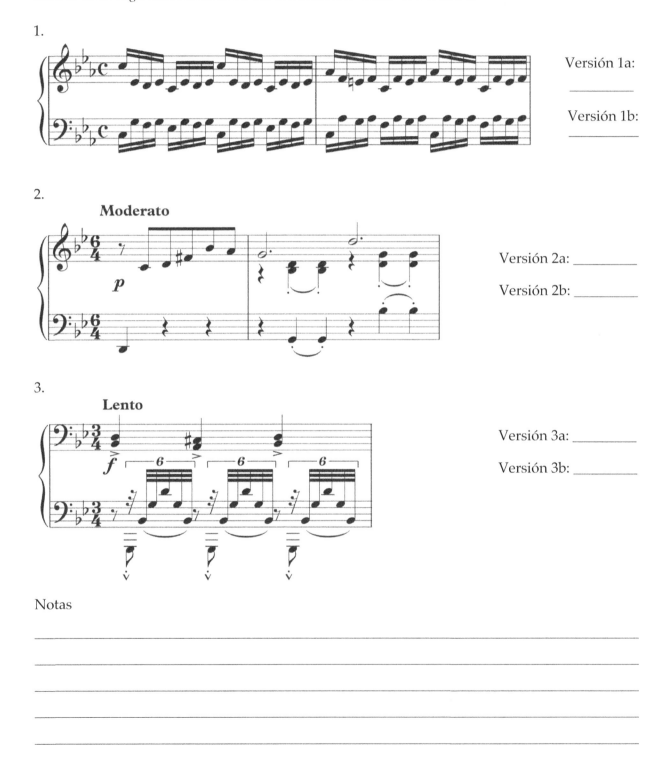

1.

Versión 1a:
_____

Versión 1b:
_____

2.

Versión 2a: _____

Versión 2b: _____

3.

Versión 3a: _____

Versión 3b: _____

Notas

_____

_____

_____

_____

_____

Día 29
Adornos musicales

En música, los adornos son una serie de florituras rápidas y melódicas que decoran una nota. A pesar del término, los adornos son más que ornamentos superficiales; son esenciales en el carácter de una melodía o un pasaje musical.

A lo largo de la historia de la música se han utilizado muchos tipos de adornos, sobre todo en la época barroca (1600-1750), en la que la música ornamentada era habitual. Los más frecuentes hoy en día son: la apoyatura, la «acciaccatura», el mordente, el grupeto, el trino, el arpegio y el trémolo. Como puedes imaginar, los propios términos describen el efecto del adorno sobre las notas.

Los adornos se indican en la notación musical mediante un símbolo propio formado por notas en miniatura. Son unas notas en miniatura conectadas a una nota principal mediante una línea arqueada (y a veces con un trazo que atraviesa la plica). Al ser decorativas, estas notas no afectan a los tiempos musicales del compás. En el ejemplo siguiente, el segundo compás se completa con 3 negras, cada una de las cuales lleva una nota en miniatura que no afecta a la suma de tiempos:

Acciaccatura

El término «acciaccatura» proviene del italiano y significa aplastado o chafado. Este adorno se toca como una nota muy rápida, inmediatamente antes de la nota principal. Se representa exactamente como se muestra en los ejemplos arriba y abajo: una nota en miniatura con una línea inclinada que atraviesa la plica, conectada a la nota principal con una línea arqueada:

Ejemplo de audio 29.1: Beethoven: Variaciones Diabelli, Op. 120

Como en el ejemplo anterior, la mayoría de las acciaccaturas suelen estar a un tono o semitono de la nota principal. No obstante, también es posible que las acciaccaturas salten varios tonos:

Ejemplo de audio 29.2: Carl Bohm: La fuente, Op. 221, compases 9-12

En este ejemplo, las acciaccaturas anticipan la misma nota que adornan:

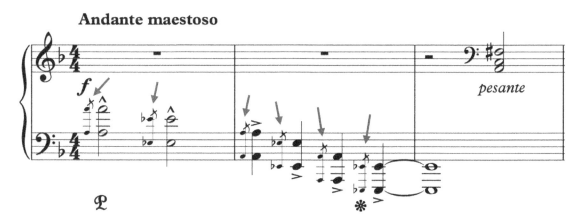

Ejemplo de audio 29.3: Liszt: Sonata Dante, compases 1-3

Las acciaccaturas no están limitadas a una sola nota a la vez. En el siguiente ejemplo, los cinco instrumentos tocan tres notas de acciaccatura cada uno.

Cuando las notas en miniatura forman un grupo de dos o más, suelen representarse como semicorcheas o figuras más breves. Este detalle no afecta a la forma en que se tocan: una floritura rápida que da paso a la nota principal.

Ejemplo de audio 29.4: Saint-Saëns: El carnaval de los animales, Fósiles

146

Apoyatura

Este adorno, cuyo nombre deriva del italiano «appoggiatura», desplaza la nota principal del tiempo fuerte. Su efecto se asemeja a un retraso de la nota esperado y, como consecuencia, suele producirse una disonancia. La notación de la apoyatura es una nota en miniatura sin línea inclinada sobre la plica.

Aunque su notación se parece bastante, el sonido de la apoyatura es muy diferente del de la acciaccatura. Mientras que la acciaccatura se toca lo más rápido posible, la apoyatura es mucho más larga. La duración exacta depende de la interpretación del músico, del compositor y del estilo, pero una apoyatura puede abarcar hasta dos tercios de la duración teórica de la figura principal.

Escucha estos dos ejemplos y fíjate en lo largas que son las apoyaturas, en comparación con el modo en que se escriben.

Ejemplo de audio 29.5: Bach: Minueto del Cuaderno de Anna Magdalena, compases 3-5

Ejemplo de audio 29.6: Bach: Minueto BWV Anhang 118

El arpegio

Este adorno indica que las notas deben tocarse de forma consecutiva, en vez de todas a la vez. Su símbolo es una línea vertical y ondulada junto a un grupo de notas:

La línea estándar, como se muestra en el ejemplo siguiente, significa que las notas deben tocarse rápidamente de abajo arriba:

Ejemplo de audio 29.7: Hugo Wolf: Und willst du deinen Liebsten sterben sehen, parte de piano, compases 9-10

Cuando se añade una flecha a la línea ondulada, se indica la dirección del arpegio: de abajo arriba cuando la flecha apunta hacia arriba, y de arriba abajo cuando la flecha apunta hacia abajo:

Este ejemplo es para guitarra clásica. Las líneas de arpegio indican al músico si debe rasguear las cuerdas hacia arriba o hacia abajo:

Ejemplo de audio 29.8: Joaquín Rodrigo: Concierto de Aranjuez, 1.ᵉʳ movimiento

El mordente

El mordente, que en italiano significa mordiente o mordedor, es una alteración rápida de tres notas: la principal, otra a un tono o semitono de distancia y de nuevo la nota principal.

Hay dos tipos de mordentes: el superior, que sube para luego volver a bajar; y el inferior, que baja para luego subir de nuevo. El símbolo del mordente superior es una marca en zigzag, como se muestra a continuación. El del mordente inferior es la misma marca, atravesada por una línea vertical:

Mordente   Mordente
ascendente   descendente

Este es un ejemplo de un mordente ascendente perteneciente al *Grande Valse Brillante* de Chopin. El Fa se toca como una sucesión rápida entre Fa, Sol y de nuevo Fa.

Ejemplo de audio 29.9: Chopin: Grande Valse Brillante, Op. 34, n.º 3, compases 22-24

Y este es probablemente el mordente descendente más famoso de todos los tiempos, de la *Tocata y fuga* de Bach:

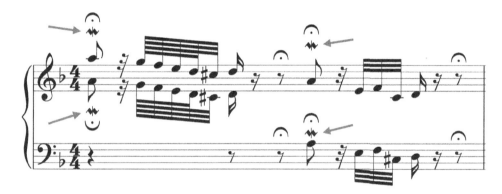

Ejemplo de audio 29.10: Bach: Tocata y fuga, BWV 565

Cuando el mordente requiere una alteración, se sitúa encima del símbolo si es un mordente ascendente y debajo si es un mordente descendente. En el siguiente ejemplo, el mordente ascendente está sobre la nota Si y, como también incluye un sostenido, el adorno se compone de las notas Si, Do sostenido y de nuevo Si:

Ejemplo de audio 29.11: Mordente ascendente con sostenido

El grupeto

El grupeto (del italiano «gruppetto») es un adorno que incluye tanto la nota superior como la inferior respecto de la nota principal. Hay dos tipos: el grupeto propiamente dicho y el grupeto invertido, que se representan con los siguientes símbolos:

El grupeto consiste en estas notas, tocadas rápidamente:

- Comienza un nivel por encima de la nota escrita
- Va a la propia nota principal
- Baja un nivel más
- Regresa a la nota principal

El grupeto invertido va en dirección contraria:

- Comienza un nivel por debajo de la nota escrita
- Va a la propia nota principal
- Sube un nivel más
- Regresa a la nota principal

Ejemplo de audio 29.12: El grupeto

Ejemplo de audio 29.13: El grupeto invertido

Cuando el grupeto se sitúa justo encima de una nota, el adorno comienza inmediatamente:

Ejemplo de audio 29.14: Haydn: Sonata para piano n.º 27 en Sol Mayor (original, luego ralentizada)

Sin embargo, cuando el grupeto se sitúa después de una nota (normalmente a mitad de camino entre la nota principal y la siguiente), dicha nota principal se conserva el mayor tiempo posible y el grupeto se ejecuta rápidamente al final.

Adagio cantabile

Ejemplo de audio 29.15: Beethoven: Romance n.º 2 en Fa

Una alteración sobre un grupeto afecta a la nota superior, mientras que debajo de él afecta a la nota inferior. En el siguiente ejemplo, la nota principal del adorno es un Sol, con un sostenido debajo. El sostenido se aplica al Fa (un tono por debajo de la nota principal).

Ejemplo de audio 29.16: Chopin: Rondó, Op. 1, compases 4-6 (original, luego ralentizado)

El trino

El trino simboliza una alternancia rápida y continua entre la nota escrita y la superior. El símbolo consiste en la indicación «tr» sobre la nota, con o sin línea ondulada:

$$tr \qquad tr\text{\char`~}\text{\char`~}\text{\char`~}\text{\char`~}$$

En estos dos compases, por ejemplo,

Ejemplo de audio 29.17: Bach: Minueto 1 de la Suite francesa n.º 1, compases 9-10

se toca de este modo:

El trino, desarrollado

151

El tresillo hacia el final del trino suele ser necesario para que no haya saltos ni notas repetidas entre la nota principal y la siguiente. Los trinos también se combinan a menudo con notas en miniatura para indicar que el adorno comienza en la nota más alta. Esta melodía:

Ejemplo de audio 29.18: Mozart: Cuarteto de cuerda n.º 3, 1.er movimiento, compases 1-8

se toca así:

También se pueden utilizar notas en miniatura para indicar cómo termina el trino:

Ejemplo de audio 29.19: Beethoven: Sonata para piano n.º 14, 3.er movimiento, compases 35-36

La línea ondulada del trino puede extenderse a lo largo de varias notas, lo que indica que todas ellas se «trinan». A veces, este efecto se denomina «catena di trilli», en italiano literalmente «cadena de trinos»:

Ejemplo de audio 29.20: Haydn: Sonata para piano n.º 17, 1.er movimiento, compases 51-53

Aunque los trinos se escuchan más a menudo en las partes musicales más agudas, pueden aparecer en cualquiera, incluso en la parte grave:

Ejemplo de audio 29.21: Chopin: Preludio 9, Op. 28, compases 3-4

Trémolo

El término «trémolo» o «tremolando» proviene del italiano y significa «temblor». En música, hace referencia a una de estas dos cosas:

- Una repetición rápida de la misma nota: típica de los instrumentos de cuerda frotada, viento metal y percusión; en este último caso, se conoce como «redoble».
- Una alternancia rápida entre dos notas cualesquiera no consecutivas: frecuente en instrumentos de teclado, viento madera y viento metal.

Una repetición rápida de una misma nota se indica con barras inclinadas sobre su plica. Dos barras indican que el trémolo debe tocarse con tiempos de semicorchea, mientras que, con tres barras o más, los tiempos no se miden y el trémolo se toca lo más rápido posible.

Ejemplo de audio 29.22: Trémolo de una sola nota

Una alternancia rápida entre dos notas cualesquiera se indica con líneas gruesas inclinadas entre ellas. Fíjate en que el trémolo siguiente consta de dos notas que cuentan como una. Las notas Do y Fa se representan como 2 blancas, aunque la indicación de compás sea 2 x 4. El trémolo conecta las figuras en una misma unidad rítmica para que, en total, duren exactamente 1 blanca.

Ejemplo de audio 29.23: Trémolo de dos notas

Resumen rápido del día 29

Término	Significado	Símbolo
Nota en miniatura	Nota pequeña que indica un adorno	
Acciaccatura	Nota muy breve que se toca inmediatamente antes de la nota principal	
Apoyatura	Adorno que desplaza la nota escrita del compás fuerte	
Arpegio	Notas escritas una sobre otra que se tocan de forma consecutiva, de abajo arriba o de arriba abajo	
Mordente ascendente/descendente	Alternancia rápida entre la nota escrita y la inmediatamente superior o inferior	
Grupeto	Adorno formado por 4 notas en rápida sucesión: una nota superior a la escrita, la escrita, una inferior y de nuevo la nota escrita	
Grupeto invertido	Adorno formado por 4 notas en rápida sucesión: una nota inferior a la escrita, la escrita, una superior y de nuevo la nota escrita	
Trino	Alternancia rápida y continua entre la nota escrita y la superior	*tr*
Trémolo	Reiteración rápida de una misma nota o alternancia rápida entre dos notas cualesquiera	

Ejercicios para el día 29

1. Explica con tus propias palabras qué es un «adorno» en música.

2. ¿Son estas afirmaciones verdaderas o falsas?

   a. Las notas en miniatura no afectan a la suma de tiempos del compás.
   b. Un mordente ascendente es siempre una alternancia rápida entre la nota escrita y la que se sitúa exactamente un tono más alto.
   c. El ornamento de un grupeto no puede incluir sostenidos ni bemoles.
   d. La apoyatura solo puede darse en un tiempo fuerte.
   e. Un trémolo en un instrumento de percusión se denomina redoble.

3. ¿Cuál es la diferencia entre un trémolo y un trino?

4. Traza el símbolo del grupeto invertido.

5. ¿Cuál es la diferencia entre un mordente descendente y uno ascendente?

6. ¿Qué significa el símbolo «*tr*»?

7. ¿Qué es una acciaccatura? Escribe dos ejemplos en una hoja de papel pautado aparte.

8. Escribe dos ejemplos de:

   a. Un trémolo
   b. Un grupeto
   c. Un mordente descendente
   d. Una acciaccatura situada sobre la nota principal
   e. Una acciaccatura que anticipa la nota principal

9. ¿Cuál es la diferencia entre un grupeto y un grupeto invertido?

10. ¿Qué significa una flecha combinada con una línea de arpegio?

Experiencia de escucha: ¿De qué adorno se trata?

En esta experiencia auditiva, tenemos 6 extractos musicales cortos. Tu tarea consiste en identificar qué adorno se escucha en cada uno de ellos.

1. _____   4. _____

2. _____   5. _____

3. _____   6. _____

Día 30
Test final

1. ¿Por qué es el ritmo uno de los aspectos fundamentales de la música, incluso más que el tono?

2a. En una hoja aparte, nombra y anota las 5 primeras figuras, de mayor a menor duración.
2b. Junto a tus respuestas a la pregunta 2a, traza los silencios equivalentes a las figuras.

3. En relación con las demás, la duración de estas figuras: *(elige una sola opción)*

    a. es fija   c. depende del tempo
    b. cambia constantemente   d. depende del compás

4. Para saber cuánto dura una figura exactamente, debemos tener en cuenta: *(elige una sola opción)*

    a. el tempo de la pieza   d. tanto el compás como el tempo
    b. el compás de la pieza   e. las pulsaciones por minuto del metrónomo
    c. el pulso de la música

5. ¿Qué sucede cuando un compás es «de tres tiempos» o «ternario»?

    a. El ritmo se repite tres veces   d. La indicación de compás es 3 x 4
    b. El compás es tres veces más rápido   e. El valor ppm es divisible entre tres
    c. El tiempo fuerte tiene lugar cada
    tres tiempos

6. El compás, representado con la indicación de compás, es esencial porque: *(elige dos opciones)*

    a. Indica cuántos tiempos hay en cada compás
    b. Indica la velocidad a la que hay que tocar las notas
    c. Indica de qué tipo de tiempos se trata
    d. Indica cuántas notas hay que tocar por minuto

7. ¿Qué afirmación de las siguientes es correcta con respecto al tempo?

    a. Independientemente de cuál sea el ritmo, se toca siempre un tiempo por segundo de reloj para que el tempo no sea ni muy rápido ni muy lento.
    b. Aunque la duración de una figura con respecto a las demás no varía nunca, el tempo es importante porque determina cómo de rápida o lenta es esa precisa figura.
    c. El tempo no es tan importante porque es el compás el que determina el carácter y el estilo del ritmo.

8. Nombra dos métodos para prolongar la duración de una figura.

9. Los compases se componen de tiempos. Estos tiempos pueden ser: *(elige una sola opción)*

a. blancas   c. negras con puntillo

b. negras   d. cualquier figura

10a. ¿Cuál es la diferencia fundamental entre las indicaciones de compás simples y compuestas?

10b. Explica brevemente qué son los dosillos y los tresillos.

11. Escribe el nombre de estas notas: *(¡presta atención a las diferentes claves!)*

12. En una hoja de papel pautado aparte, representa estas notas:

a. Do, clave de Sol, blanca

b. Re sostenido, clave de Fa, redonda

c. Mi bemol, clave de Do en 3.ª, negra

d. Do sostenido, clave de Sol, negra

e. Sol bemol, clave de fa, blanca

f. La natural, clave de Do en 4.ª, semicorchea

g. Si bemol, clave de Do en 3.ª, redonda

h. Si natural, clave de Do en 4.ª, semicorchea

13. Escribe la clave adecuada para que las notas sean correctas:

14. En una hoja de papel pautado, representa estas notas utilizando 1 o más líneas adicionales:

a. Do, clave de Fa, negra

b. La sostenido, clave de sol, blanca

c. Si bemol, clave de Do en 3.ª, redonda

d. Sol sostenido, clave de sol, semicorchea

e. Re bemol, clave de Fa, redonda

f. Sol natural, clave de Do en 4.ª, negra

g. Si bemol, clave de sol, blanca

h. Si natural, clave de Do en 4.ª, semicorchea

15a. Nombra las notas dadas y la nota que está un semitono por encima:

15b. En una hoja de papel pautado aparte, escribe el equivalente enarmónico de tus respuestas a la pregunta 15a.

16. Nombra las notas dadas y la nota que está un tono por encima:

17. ¿Cuántos sonidos comprende nuestra escala musical? ¿Cómo se llaman?

18. ¿Qué queremos decir con «este Fa es una octava más alto que este otro Fa»?

19. ¿Cuál es la diferencia entre un semitono y un tono?

20. ¿Cuál es la función de los sostenidos y bemoles?

21. ¿Cómo se llama esta alteración y para qué sirve?

22. Traza un doble bemol y un doble sostenido y explica brevemente para qué sirve cada uno.

23. Escribe los términos y los símbolos correspondientes a las dos marcas dinámicas principales para indicar «fuerte» y «suave».

24a. ¿Qué símbolo deberías añadir a un Sol alto si quisieras acentuarlo?

24b. ¿Qué símbolo deberías añadir al 3.ᵉʳ compás si quisieras que fuera «más débil de repente»?

25. ¿Qué marca de articulación significa «muy separado y muy desconectado»?

26. Rodea con un círculo los errores de notación de este extracto. *Pista: Hay ocho.*

27a. ¿Cómo se indica que una pieza debe tocarse exactamente a 96 tiempos de negra por minuto?

27b. ¿Cómo se indica que una pieza debe tocarse a unos 80 tiempos de negra por minuto?

28. ¿Qué faltaría si estos fueran los dos últimos compases de una pieza?

29. ¿Qué significa «da capo al fine»?

30. Este símbolo: ✳ indica al músico que levante el pedal de resonancia. ¿Qué símbolo indica al músico que lo accione?

Respuestas a los ejercicios

Día 1: Soluciones ———

1a. La plica

1b. El corchete

2. Compara tus respuestas con los diagramas del libro.

3. Compara tus respuestas con los diagramas del libro.

4b. cuatro
c. dos

d. cuatro
e. cuatro

f. dos
g. ocho

5a. ♩   c. ♩   e. ♩   g. 𝅝   i. 𝅝

b. ♩   d. 𝅝   f. 𝅝   h. 𝅝

Día 2: Soluciones ———

1a. Verdadero

b. Falso

c. Verdadero

2a. 4 tiempos
b. 2 tiempos

c. 1 tiempo
d. medio tiempo

e. un cuarto de tiempo

3.

a. ♩   b. ♩   c. ♩   d. ♩   e. 𝅝   f. ♩   g. ♩   h. 𝅝   i. ♩

Día 3: Respuestas a la experiencia de escucha ————————————————————————

Corte 1: Tempo moderado
Corte 2: Tempo lento
Corte 3: Tempo rápido
Corte 4: Tempo rápido

Corte 5: Tempo moderado
Corte 6: Tempo rápido
Corte 7: Tempo rápido
Corte 8: Tempo moderado

Corte 9: Tempo lento
Corte 10: Tempo lento

Respuestas a los ejercicios

1a. Falso
b. Verdadero
c. Verdadero
d. Verdadero

2. Pulsaciones por minuto

3. Para poder escuchar el pulso mediante un chasquido o pitido periódico

4a. A paso andante; 80 ppm
b. Animado y rápido; 120 ppm
c. Muy rápido; 140 ppm
d. A ritmo moderado; 100 ppm
e. Muy lento y extenso; 40 ppm
f. Lento; 60 ppm

Día 4: Respuestas a la experiencia de escucha 1 ————————————————————————

1. Strauss: Marcha
2. Schubert: Marcha
3. Chopin: Vals
4. Beethoven: Marcha

5. Chaikovski: Vals
6. Chaikovski: Marcha
7. Strauss hijo: Vals
8. Offenbach: Marcha

9. Debussy: Vals
10. Sibelius: Vals

Respuestas a la experiencia de escucha 2

1. Bach: Binaria
2. Beethoven: Binaria
3. Bach: Ternaria
4. Dvorak: Ternaria

5. Grieg: Binaria
6. Haendel: Ternaria
7. Haydn: Ternaria
8. Haydn: Binaria

9. Paganini: Binaria
10. Waldteufel: Ternaria

Respuestas a los ejercicios

1a. Grupos iguales
b. acentuado
c. 3 tiempos
d. líneas divisorias
e. indicación de compás
f. tiempos por compás; el tipo de compás

2b. Tres tiempos de corchea en cada compás
c. Dos tiempos de blanca en cada compás
d. Cuatro tiempos de negra en cada compás

e. Tres tiempos de negra en cada compás
3b. Fuerte, débil, débil
c. Fuerte, débil
d. Fuerte, débil, fuerte, débil
e. Fuerte, débil, débil

4a. 4 x 4 (o 2 x 2)
b. 4 x 4 (o 2 x 2)
c. 3 x 8

5a.

5b.

5c.

5d.

Día 5: Respuestas a los ejercicios ────────────────────────────────

1. La ausencia de sonido

2a. 𝄽   b. 𝄾   c. ▬   d. ▬   e. 𝄾

3b. 𝄽   c. ▬   d. ▬   e. 𝄽   f. ▬

g. ▬   h. ▬   i. ▬

4a.   4b.   4c.

Día 6: Respuestas a los ejercicios ────────────────────────────────

1. El puntillo añade la mitad de la duración de la figura original a la propia figura.

2b. Silencio de negra con puntillo	c. Silencio de corchea con puntillo	d. Silencio de blanca con puntillo	e. Corchea con puntillo
			f. Redonda con puntillo

3a. 𝅝·   b. 𝄽·   c. ▬·   d. 𝅗𝅥·   e. ♪·

4b. semicorcheas   4c. corcheas   4d. negras

5b. ♩·   e. 𝅗𝅥·   h. 𝅗𝅥·   k. ♪·

c. 𝅗𝅥·   f. 𝅗𝅥·   i. ♪·   l. 𝅝·

d. 𝅝·   g. 𝅝·   j. 𝅗𝅥·

Día 7: Respuestas a los ejercicios ────────────────────────────────

1. La finalidad de la ligadura es sumar la duración de 2 o más figuras. Permite representar duraciones mayores, que no sería posible indicar de otra manera.

b. 1 ¼   c. 5   d. 2 ½

3a.   3b.   3c.   3d.

Día 8: Respuestas a los ejercicios ────────────────────────────────

| 1b. 8 | d. medio | 2b. un cuarto | d. 2 |
| c. 1 | e. 4 | c. un octavo | e. medio |

Día 9: Respuestas a la experiencia de escucha ────────────────────────────────

1. Marcelo: Simple	5. Gounod: Compuesto	9. Beethoven: Compuesto
2. Músorgski: Compuesto	6. Offenbach: Compuesto	10. Vaughan Williams: Compuesto
3. Lehar: Simple	7. Prokofiev: Simple	
4. Mozart: Simple	8. Smetana: Compuesto	

Respuestas a los ejercicios

1. dos	c. Binario simple	g. Ternario simple
2. tres	d. Binario compuesto	h. Ternario compuesto
3a. Binario simple	e. Ternario compuesto	i. Ternario simple
b. Binario compuesto	f. Cuaternario simple	j. Cuaternario compuestao

161

Día 10: Respuestas a los ejercicios

1a.

1b.

1c.

También es una buena respuesta:

1d.

1e.

1f.

Día 11: Respuestas a los ejercicios

1. Los compases compuestos se basan en figuras con puntillo, por lo que cada tiempo es divisible entre 3. Los compases simples utilizan figuras básicas (sin puntillo), por lo que cada tiempo es divisible entre 2. Los compases de amalgama son una combinación de ambas.

2a. Para convertir el pulso en un compás de 5 x 4, comprueba que haya una línea divisoria cada 5 tiempos de negra.
2b. Para convertir el pulso en un compás de 7 x 8, comprueba que haya una línea divisoria cada 7 tiempos de corchea.

3. No hay respuestas fijas para estos ejercicios. Comprueba que los ritmos que has creado se ajustan a las indicaciones de compás proporcionadas.

Día 12: Respuestas a los ejercicios

1b.

1c.

1d.

1e.

1f.

Día 13: Respuestas a los ejercicios

1. Beethoven: Sí
2. Tradicional: Sí
3. Chopin: Sí
4. Bach: No

5. Dvorak: Sí
6. Haydn: Sí
7. Händel: No
8. Albéniz: No

No hay respuestas fijas para los ejercicios.

Día 14: Respuestas a los ejercicios

1a.

1b.

1c.

1d.

Día 15: Respuestas a los ejercicios

1a. 12
b. 7
c. 5

2a. Do, Re, Mi, Fa, Sol, La y Si.
b. 8; octava

c.

3a. Índice acústico científico
b. su octava específica.

Día 16: Respuestas a los ejercicios

1a. Do Re Mi Fa Sol La Si Do

1b. Do Re Mi Fa Sol La Si Do

1c. Do Re Mi Fa Sol La Si Do

1d. Do Re Mi Fa Sol La Si Do

2a. Do Re Mi Fa Sol La Si Do

2b. Do Re Mi Fa Sol La Si Do

2c. Do Re Mi Fa Sol La Si Do

2d. Do Re Mi Fa Sol La Si Do

3a. Do Re Mi Fa Sol La Si Do

3b. Do Re Mi Fa Sol La Si Do

3c. Do Re Mi Fa Sol La Si Do

3d. Do Re Mi Fa Sol La Si Do

4a. Do Re Mi Fa Sol La Si Do

4b. Do Re Mi Fa Sol La Si Do

4c. Do Re Mi Fa Sol La Si Do

4d. Do Re Mi Fa Sol La Si Do

Respuestas a la experiencia de escucha

1. S	3. T	5. T	7. T	9. T
2. S	4. S	6. S	8. T	10. S

Día 17: Respuestas a los ejercicios

1a. La segunda
1b. subir

2a. La última
2b. bajar

3a. La tercera
3b. cancelar un sostenido o bemol

4a. Fa sostenido Do Re Mi Fa Sol La Si Do

4b. Mi bemol Do Re Mi Fa Sol La Si Do

4c. Sol Do Re Mi Fa Sol La Si Do

4d. Re doble sostenido Do Re Mi Fa Sol La Si Do

4e. La sostenido Do Re Mi Fa Sol La Si Do

4f. Si doble bemol Do Re Mi Fa Sol La Si Do

4g. Sol bemol Do Re Mi Fa Sol La Si Do

4h. Fa bemol Do Re Mi Fa Sol La Si Do

5b. Mi
c. Do
d. La bemol

e. Re sostenido
f. Si bemol
g. Si

h. Si sostenido
i. La
j. La sostenido

Día 18: Respuestas a los ejercicios

1. Cinco

2. No hay respuestas fijas para el resto de los ejercicios

Día 19: Respuestas a los ejercicios

1. Adicionales

2. No hay respuestas fijas para el resto de los ejercicios

Día 20: Respuestas a los ejercicios

1.

2. Estas notas pueden escribirse en diferentes octavas. Compara tus respuestas con las notas de la lección.

Día 21: Respuestas a los ejercicios

1.

2. Estas notas pueden escribirse en diferentes octavas. Compara tus respuestas con las notas de la lección.

Día 22: Respuestas a los ejercicios

1.   2.

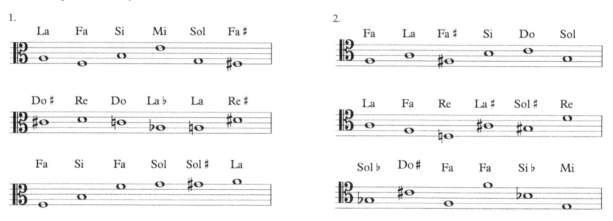

Día 23: Respuestas a los ejercicios

1.

2.

Día 24: Respuestas a los ejercicios

1. El más fuerte es ff   2. El más débil es p

164

3. mf significa «moderadamente fuerte»

4. Crescendo: «progresivamente más fuerte»

5. Diminuendo significa «progresivamente más débil»

6. El símbolo de forte piano es fp

7. Sfz es la abreviatura de sforzando, que significa «con fuerza» o «énfasis repentino»

Respuestas a la experiencia de escucha

Estas son las soluciones a la experiencia de escucha de hoy. Estas no son las únicas respuestas posibles; si tus respuestas se acercan lo suficiente (por ejemplo, un crescendo que empieza un poco antes o el uso de mezzopiano en lugar de mezzo forte), considéralas como válidas. Como en todas nuestras experiencias de escucha, el objetivo principal es escuchar de forma consciente.

Día 25: Respuestas a la experiencia de escucha

165

Día 26: Respuestas a los ejercicios

1. Adagio
2. Vivace
3. Andante

4. Hay varias respuestas correctas

5. 60 pulsaciones de blanca por minuto
6. Acelerar
7. Volver al tempo original

Respuestas a la experiencia de escucha

Si tus respuestas son similares o lo suficientemente próximas, dalas por correctas.

1. Un accelerando hacia el final:

2. Dos pausas:

3. Un ritardando a partir de la mitad

Día 27: Respuestas a la experiencia de escucha

1.

2.

3.

Día 28: Respuestas a los ejercicios

1.

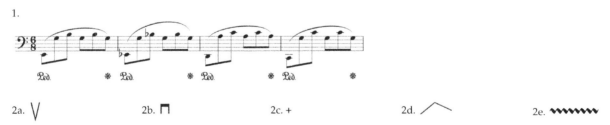

2a. ⋁   2b. ⊓   2c. +   2d. ⌃   2e. ⌁

3. Significa que las notas deben tocarse en la cuerda más grave del instrumento, la cuerda «Do».

4. Los pulgares del pianista se numeran con el 1.

5. Porque los dedos de la mano derecha no suelen estar en contacto directo con las cuerdas. Sostienen el arco.

6. Percusión de boca.

7. En el pabellón.

8. Pizzicato significa pellizcar en lugar de frotar con el arco.

9. Los números rodeados con un círculo indican en qué cuerda debe tocarse una nota.

10. «Sul Sol»

Respuestas a la experiencia de escucha

1a. No
1b. Sí

2a. Sí
2b. No

3a. No
3b. Sí

Día 29: Respuestas a los ejercicios

1. Un adorno es una ornamentación rápida de una nota, que en notación musical se representa con notas en miniatura o símbolos especiales.

2a. Verdadero
2b. Falso
2c. Falso
2d. Verdadero
2e. Verdadero

3. Mientras que el trino es una alternancia rápida y continua entre una nota y la inmediatamente superior, el trémolo es una alternancia rápida entre una misma nota u otras dos notas cualesquiera (incluso no consecutivas).

4.

5. El mordente descendente es un adorno de la nota principal con la nota inmediatamente inferior; el mordente superior es un adorno de la nota principal con la nota inmediatamente superior.

6. Trino

7. Nota rápida que se toca inmediatamente antes de la nota principal

8. Compara tus respuestas con los esquemas de la lección de hoy.

9. El grupeto comienza con la nota superior a la principal, mientras que el grupeto invertido comienza con la nota inferior.

10. La flecha especifica la dirección del arpegio.

Respuestas a la experiencia de escucha

1. Trino
2. Grupeto invertido

3. Trémolo
4. Acciaccaturas

5. Arpegio
6. Mordente ascendente

Día 30: Respuestas al test

1. La causa es que puede haber ritmo sin tono, pero no tono sin ritmo.

2a y 2b:

𝅝 = redonda

𝅗𝅥 = blanca

♩ = negra

♪ = corchea

𝅘𝅥𝅯 = semicorchea

▬ = silencio de redonda

▬ = silencio de blanca

𝄽 = silencio de negra

𝄾 = silencio de corchea

𝄿 = silencio de semicorchea

3a. fijo.

4d. Tanto el compás como el tempo.

5c. El tiempo fuerte tiene lugar cada tres tiempos.

6a. indica cuántos tiempos hay en cada compás y c»: indica de qué tipo de tiempos se trata.

7. La respuesta es la «b»: Aunque la duración de una figura con respecto a las demás no varía nunca, el tempo es importante porque determina cómo de rápida o lenta es esa precisa figura.

8. La ligadura y el puntillo

9. La respuesta es la «d»: cualquier figura

10a. El pulso de una indicación de compás compuesta se asigna a una figura con puntillo, por lo que cada tiempo es divisible entre 3. El pulso de una indicación de compás simple se asigna a una figura básica (nunca a una figura con puntillo).

10b. Los dosillos y tresillos permiten dividir un tiempo de un modo que el compás no admite de forma natural. Un dosillo permite dividir el tiempo de un compás compuesto en 2 partes iguales. Un tresillo permite dividir el tiempo de un compás simple en 3 partes iguales.

11. Do; Sol; Mi bemol; Re sostenido; La bemol; La bemol; Fa sostenido; Do; Si bemol; Do sostenido; La; Fa.

12. Estas notas pueden escribirse correctamente en varias octavas. Compara tus respuestas con los esquemas del libro.

13. Clave de: Fa; Sol; Do en 3ª; Fa; Sol; Do en 4ª; Fa; Sol.

14. Estas notas pueden escribirse correctamente en varias octavas. Compara tus respuestas con los esquemas del libro.

15a. Fa – Fa sostenido; b. Si bemol - Si, Do sostenido - Re; Do sostenido – Re.

15b. Sol bemol; Do bemol; Do doble sostenido; Mi doble bemol; Mo doble bemol.

16a. Fa - Sol; b. Si bemol - Do; c. Fa sostenido – Sol sostenido; d. Re – Mi.

17. Hay 12 tonos. Se denominan: Do, Do sostenido (o Re bemol), Re, Re sostenido (o Mi bemol), Mi, Fa, Fa sostenido (o Sol bemol), Sol, Sol sostenido (o La bemol), La, La sostenido (o Si bemol), Si.

18. Quiere decir que el primer Fa está 8 notas por encima del segundo Fa.

19. Mientras que el semitono es la menor distancia posible entre dos notas cualesquiera, el tono es la distancia entre dos notas cualesquiera separadas por una nota intermedia. Dos semitonos equivalen a un tono.

20. Para alterar la nota un semitono; el sostenido eleva la nota un semitono; el bemol la baja un semitono.

21. El becuadro: anula un sostenido o bemol para devolver a la nota su tono original.

22a. El doble bemol baja cualquier nota un tono: ♭♭

22b. El doble sostenido sube cualquier nota un tono: 𝄪

23. El término para fuerte es «forte» y su símbolo es este: f

El término para débil es «piano» y su símbolo es este: p

24a.

24b. *sub. p*

25. Staccattissimo

26. Errores numerados del 1 al 8 y corregidos:

27a. ♩ = 96

27b. ♩ ≈ 80 o ♩ = c. 80

28. Faltaba la doble barra final:

29. Tocar desde el principio hasta el compás marcado con «Fine».

30. El símbolo de «presionar el pedal de resonancia»: 𝆏𝑒𝑑.

Made in the USA
Las Vegas, NV
26 September 2024

95839974R00096